一本讀懂
股票
技術分析

瞭解
股價型態

掌握
買賣時機

提高
投資表現

IFTA 國際檢定技術分析師 福永博之／著
陳識中／譯

前言

大家好。我是Investrust株式會社的福永博之。

所謂的技術分析，是現今世上與基本分析並列的兩大分析方法之一。隨著個人電腦的普及和提供技術分析服務的網路證券商增加，懂得技術分析的個人投資者愈來愈多，這項工具也廣為投資者所利用。但是隨著知名度與日俱增，加上其操作方便，用自己的意思強加解釋、用錯誤方式運用它的人也愈來愈多。

因此，為了讓投資經驗尚淺的大家也能輕鬆愉快地學會正統的技術，我才決定撰寫本書，向各位介紹技術指標運作的原理乃至買賣判斷的方法。本書的特徵是讓初學者在讀完各章後，除了擁有分析持有股和追蹤股的能力外，還能懂得如何判斷買賣的時機。此外，不只初學者，為了讓中、高級的投資人也能有所收穫，還加入了許多實踐性的內容。不僅如此，從第3章起，每章最後還有準備練習問題，讓各位可以確認自己對各章解說之技術分析法的理解程度和買賣判斷的實力，請大家務必挑戰看看。

本書介紹的技術指標將集中在趨勢分析、震盪分析（買賣時機判斷分析）、型態分析，這些從初學者到中、高級投資者都一定用過一次的技術分析指標上。之所以先學習趨勢分析，是因為「趨勢分析是投資的王道」。同時，學會趨勢分析後，再輔以買賣時機分析，便能找出最佳的進場時

本書介紹的三種主要分析方法

①趨勢分析：摸清股價的變化方向（第3章・第4章）

→趨勢線、移動平均線、動量指標

②震盪分析：推算走勢和買賣時機（第5章）

→RSI、MACD、動量指標

③型態分析：發現股價的高低點（第6章）

→V型、雙重型、三重型、碟形、潛伏、三角整理型等

↓

只要掌握三種技術指標
無論任何行情都能應對自如！

※第1章和第2章將解說技術分析的基礎。第7章將統合第1章～第6章所學的內容，介紹具體的實踐方法。

機。除此之外，還有以在實戰中活用為前提而寫入，用以推測股價高點和低點的型態分析等，滿載各種似懂非懂的內容。讀完本書後，保證各位一定會拍案叫絕，心想「原來如此啊」、「原來只要這麼做就不會失敗了」!!此外，過去只做基本分析的投資者們如果也能閱讀本書（雖然他們可能根本不會買這本書……）的話，應該也會理解技術分析的重要性。

我們所處的投資環境日益複雜，而我衷心期盼所有投資人在對資產運用和資產形成不可或缺的股票投資中，都能掌握技術分析，減少純粹的失敗，並逐步提高投資的表現。

福永博之

第1章 什麼是技術分析？

第2章 建立交易原則的三種基礎分析方法

第3章

精通趨勢分析①（趨勢線和移動平均線）

第4章 精通趨勢分析②（動量指標）

第5章

精通震盪分析（RSI和MACD）

第6章 精通型態分析（股價的高點和低點）

第7章

結合三種分析方法取得好成績

第1章

什麼是技術分析？

01

技術分析的核心何時會用到技術線圖？

計算股份和外匯等價值波動的金融商品買賣時機的工具

首先來一起看看實際用於技術分析的圖表到底長什麼樣子吧。圖表是用來分析價格走向、推算買賣時機、預測未來價格的工具，但這類技術分析圖表的用途並非只有股票投資的世界。

譬如最近投資者正快速增加的外匯交易，以及黃金、原油等商品交易的世界也經常使用，甚至可以說只要是價格會波動的金融商品，幾乎都會使用圖表。

左頁是實際使用的圖表。上方是日圓價格的走勢圖，下方則是黃金價格的走勢圖。在匯率圖表中，往上代表下跌，往下代表上漲，由圖可知日圓在２００７年６月到達１２４日圓兌１美元的價格後，走勢便開始往下。而走勢轉成往下之後，便一路漲至２０１１年10月的75日圓兌１美元的價格。

另一方面，金價在２０１５年８月24日到達１１７０美元後開始下跌。要確認此類價格的推移，圖表可說是必須的工具。

1-01｜美元／日圓的價格月線圖　　(單位：日圓)

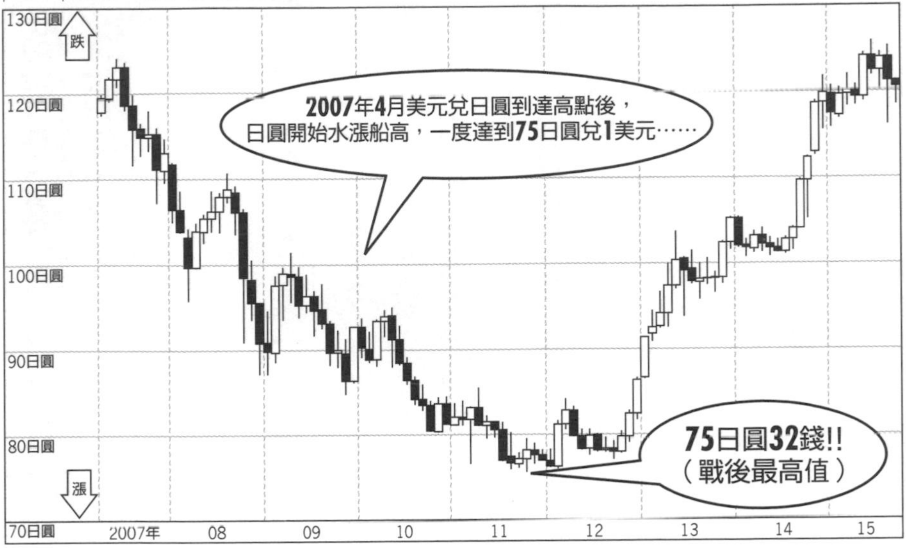

1-02｜紐約黃金期貨交易價格日線圖（1 ozt）　　(單位：美元)

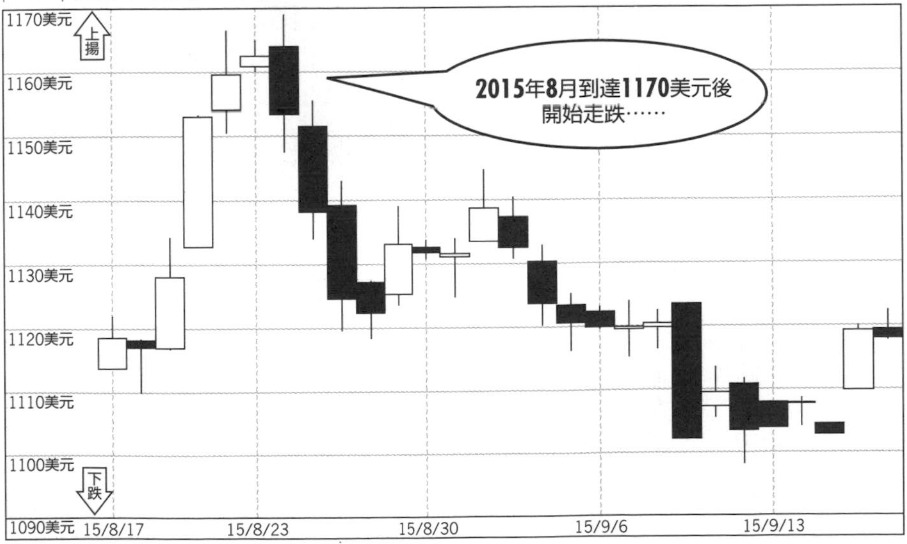

02

為何股票買賣一定要學技術分析？

股價只有「漲」、「跌」、「橫盤」三種變化

為什麼除了股票投資外，外匯和商品交易也常常使用圖表呢？那是因為不僅是股價，所有的價格變化基本上不外乎是上漲、下跌或是橫盤三種模式（這點應該任何人思考後都會得出相同的結論），而圖表可以告訴我們現在的價格，以及未來又會如何變化。

短期看似沒有規律，但長期呢？

舉例來說，就算有人認為價格變化沒有規律可循，短期看來是隨機變化，但如果價格長期緩緩上漲，應該就能看出上漲的趨勢；相反地若長期價格下跌，就能看出下跌的趨勢（參照圖表1－03和1－04）。

另一方面，雖然價格很少停止不動，但若價格總是在一定區間內波動，便能判斷出是橫向變化。我們一般稱之為橫盤（參照圖表1－05）。

1-03 日產汽車（7201）的股價日線圖

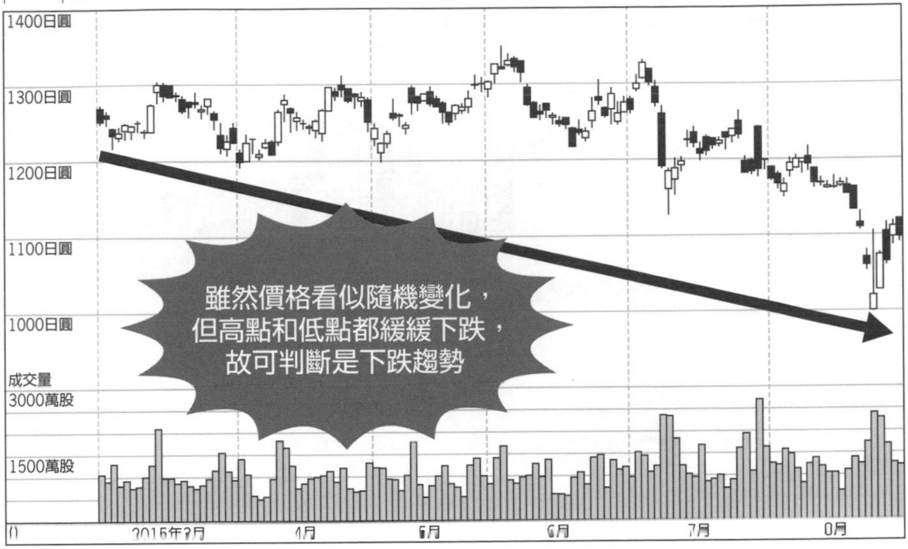

1-04 明治HD（2269）的股價日線圖

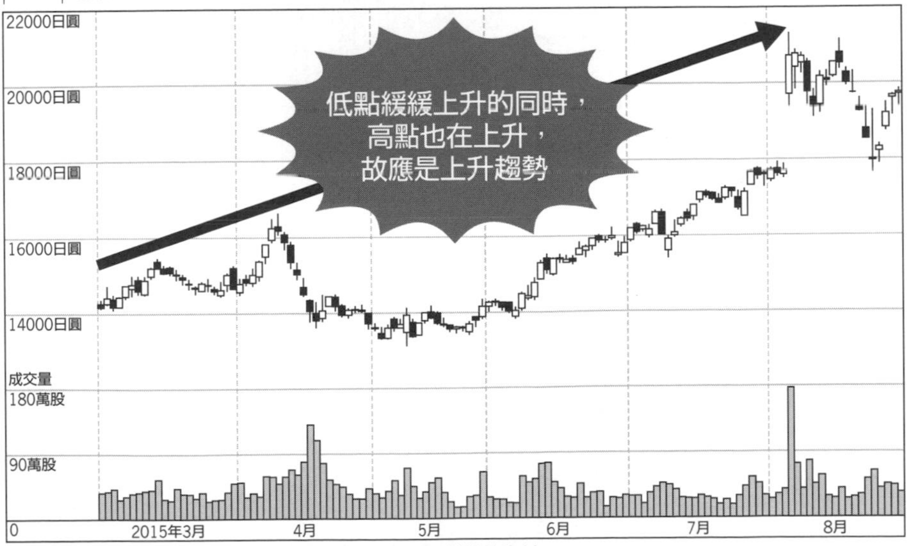

註：股價圖中顯示的股價，是2015年10月進行股票分割前的資料。

1-05 日本火腿（2282）的股價月線圖

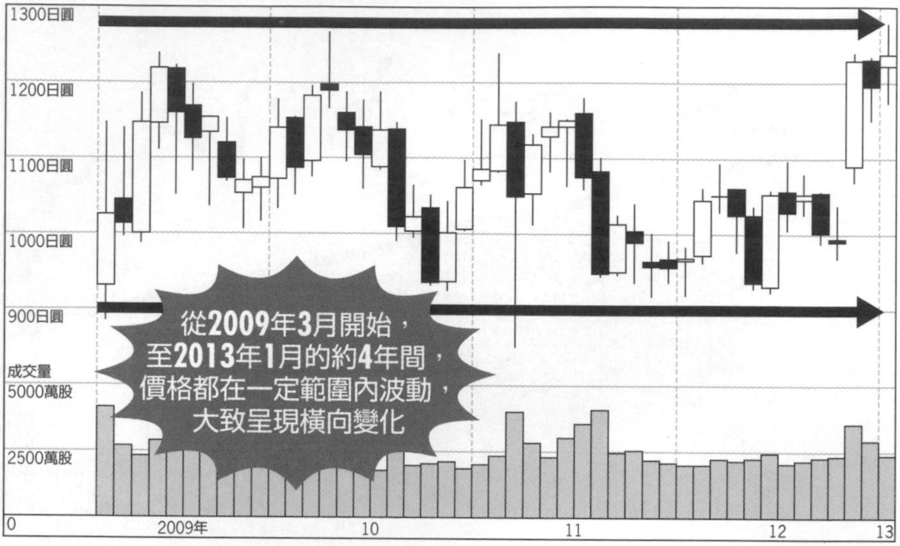

憑自己的感覺買賣是很危險的

技術圖表可以告訴我們價格的變化，例如上漲、下跌或是橫盤。為了瞭解這三種走向的變化，就必須分析技術圖表。

假設我們透過技術分析得知手上某張股票正在下跌，就可推測損失恐怕會進一步擴大。另一方面，若分析發現手上某張股票正在上漲，就可期待收益擴大。

就算只用此處介紹的能顯示股價推移的圖表，也能大略知道股價的走向變化。但是，若連這種基本的技術分析也沒掌握，只憑自己的感覺進場買賣，又會怎麼樣呢？不僅可能賣出後股價開始上漲，或是買了之後反而開始下跌，就算真的賺到錢，也會後悔要是再早點買就好了，要是當初多等一會兒再買就好了。諸如此類的例子屢見不鮮。

投資新手要小心容易被「套牢」

當然，現實不可能永遠符合分析的結果。請

1-06 日經平均股價的推移（© 日本經濟新聞社）

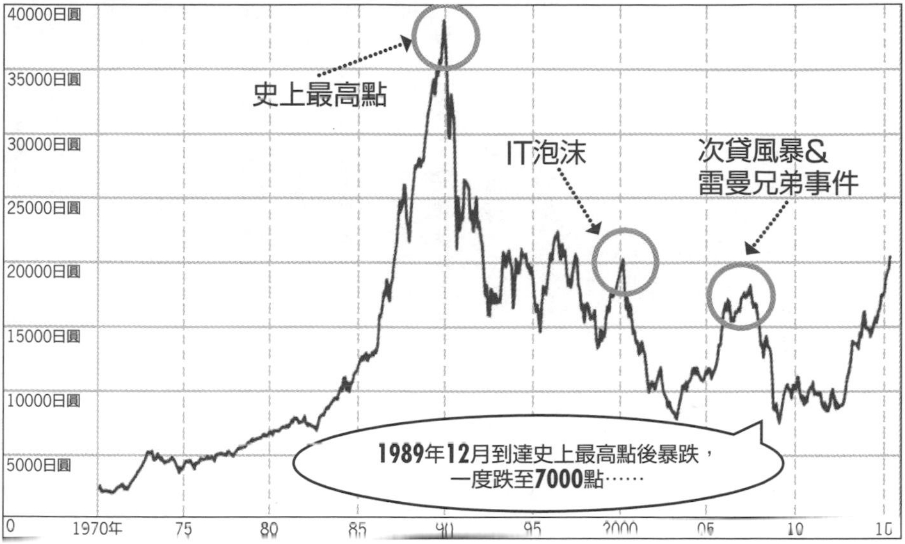

各位看看上圖這份實際的日經平均股價變化圖（圖表1－06）。觀察圖表，可以看出自1989年到達高點後，股價便一直維持下跌。

假如在這下跌趨勢中，一直緊抱手中的股票不放的話，會發生什麼事呢？

一如各位所想，損失只會不斷增加。至於以長期投資為目標的人，可能會認為「沒關係，反止總有一天會漲回買價」，但是，一直抱著股票等它漲回來真的沒關係嗎？

當然，就算某人在俗稱IT泡沫的2000年4月的高點買了ETF（與日經平均股價等指標連動的投資信託），但如果一直續抱到2015年6月24日，收盤價2萬868日圓03錢，股價又回升到2萬點，損益就能完全打平。然而等它漲回來卻得花上大約15年又2個月的時間。這不就意味著在這麼長的時間內，這份資本都無法被有效活用嗎？

不僅投資新手，有時就連擁有豐富知識和經驗的長期投資者都很容易陷入這種俗稱套牢的狀

態，而技術分析則能有效避免陷入這種狀態。

這是因為一如先前所述，技術分析是一套能推算股價走向和買賣時機，並預測未來股價的工具。不過由於內容較為困難，本書不得不割愛，選擇不放入未來股價預測相關的說明。若各位讀者希望的話，本人會考慮再利用別的機會詳加解說。

考慮中長期持有的人更應該學習技術分析

那假如在前述的ETF例子中，是用NISA（譯註：小額投資非課稅制度）帳戶買股的話，結果又怎麼樣呢？因為課稅優惠只限於有收益的情況，所以就算長期持有下跌的股票，也沒有任何好處。如此說來，想用NISA帳戶進行中長期投資的投資者們，更應該學習技術分析。

因為我已經說過很多次了，技術分析是一套能推算股價走向和買賣時機，並預測未來股價的工具。尤其對新手而言，大部分的人最重視的應該是「簡單」、「客觀」和「準確」的投資方法，而本書介紹的技術分析方法（不包含股價預測）正好符合這些條件，大家應該都能輕鬆上手。

03

為何買賣時機會大大影響投資成果？

可以光看企業的業績來判斷買賣嗎？

前一節簡單說明了為何需要技術分析，本節則將進一步具體而詳細地解釋，為何買賣的時機如此重要且必要。

首先必須思考的是企業的財報和股價的變化。各位可能會納悶，買賣時機為何會與公司財報有關？這是因為財報好的股票，由於其基本面（企業的業績和投資計畫等）不會每天變化，所以一般都會選擇買進並持有。

股價在財報公布以外的時間也瞬息萬變

財務報告的週期為一季一次，故一年共會發表四次財報。而從基本面進行投資判斷的話，就只能以一年四次的財報為材料，若業績沒有變化的話，大抵都會選擇繼續持有。然而，股價在財報公布以外的時間仍會不斷變動。

同時，個別企業的新聞及世界情勢等外部環境的變化，也會影響股價。因此必須瞭解除了一年四次的財報公布外，股價每天仍會不停變動，反覆地上漲和下跌。

此外，確認每季的財報後，根據業績的成長率選擇哪些股票應繼續持有，哪些股票應該賣掉，哪些股票又該買進等，調整投資組合（持有多支股票）時，也需要考慮買賣時機。

日經平均股價居高時買進的話……

然而，認為「價格變動是隨機」的人，或是相信「業績好的話總有一天會上漲，所以不用考慮細微的價格變動，無論何時買進都一樣」的投資者，完全不顧買賣時機的話，會發生什麼事呢？舉例來說，如果在1989年12月日經平均股價在交易時間內到達最高點3萬8957日圓44錢後才發現業績惡化，便已經太遲了。因為持有股的虧損擴大，變得只能選擇認賠賣出，或是相信總有一天會漲回來而續抱（套牢）。

此外，實際上雖然日經平均股價在2015年6月曾一度於交易時間內達到年初以來的高點2萬952日圓71錢，但也只恢復到最高點的近54%。打算長期投資而選擇買進長抱的投資者應該不少，但從以上例子就能明白，實際的股價變動絕不是那麼單純的。

04

企業的業績好，股價就一定會漲嗎？

豐田汽車的股票應該在財報公布後買？還是財報公布前買？

一起來看看財報和實際股價之間的關係吧。請參照下一頁的圖表。

本節所用的例子是大家都聽過的豐田汽車。依照豐田汽車於２０１５年５月８日交易結束後發表的財報，營業利潤比前期增長２％，預期將連續三期刷新最高獲利。而與出口企業決算同時發表的假定匯率則為１１５日圓，高於當時的１１９日圓左右（參照圖表１－08），故外界都預期業績將會進一步上修。而實際上，２０１５年８月４日公布的決算，也進一步向上修正了２０１６年３月期的營收預測。

另一方面，營業利潤和淨利等則沒有變動。如果是各位，會在這份財報公布後買進豐田的股票嗎？此外，原本就持有的投資人，會選擇繼續持有嗎？還是會賣出呢？大家會怎麼判斷呢？

他國的景氣和匯率也會大幅影響股價

結果觀察股價，下一個交易日開始出現賣壓，之後股價便急遽下跌。儘管後來一度反彈，但隨後又因為對中國景氣的擔憂導致日圓大漲，使得股價大幅下跌。

1-07 豐田汽車（7203）的股價日線圖

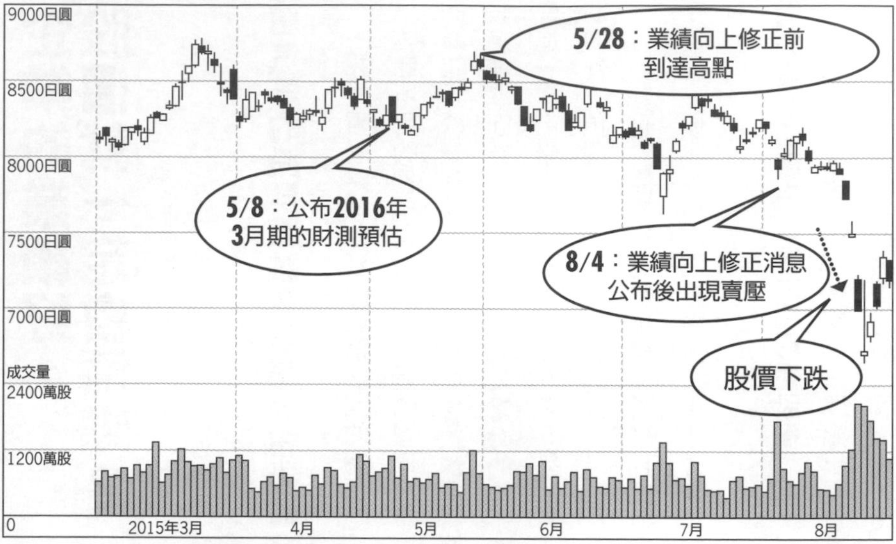

當然其中也有對業績解讀不同的影響，但這裡必須注意的，不是因為預測獲利將創下新高而向上修正預期營收，也就是所謂利多出盡而開始走跌的時間點，而是財報公布的兩個月多前的5月28日，股價到達高點後開始緩緩下跌，擔心虧損的投資人拋出大量的賣單，使得股價暴跌。

儘管公司賺錢，股價仍在財報公布前就到達頂點

儘管基本面分析認為營業利潤將依預期向上修正，但股價卻在那之前就觸頂，財報公布後也還是後繼無力，無法繼續上揚。

當然，因為業績很好，所以不少投資人都認為股價最終仍會回漲，但只要看看股價的變化，便會發現想從財報結果判斷並不容易，令人不禁懷疑光憑業績進行投資判斷真的可靠嗎？

尤其是2014年以後，判斷的基準不再是業績是否超越公司的預期，而是是否超越分析師的預期，對新手而言變得愈來愈難以掌握。

1-08 美元／日圓的價格日線圖

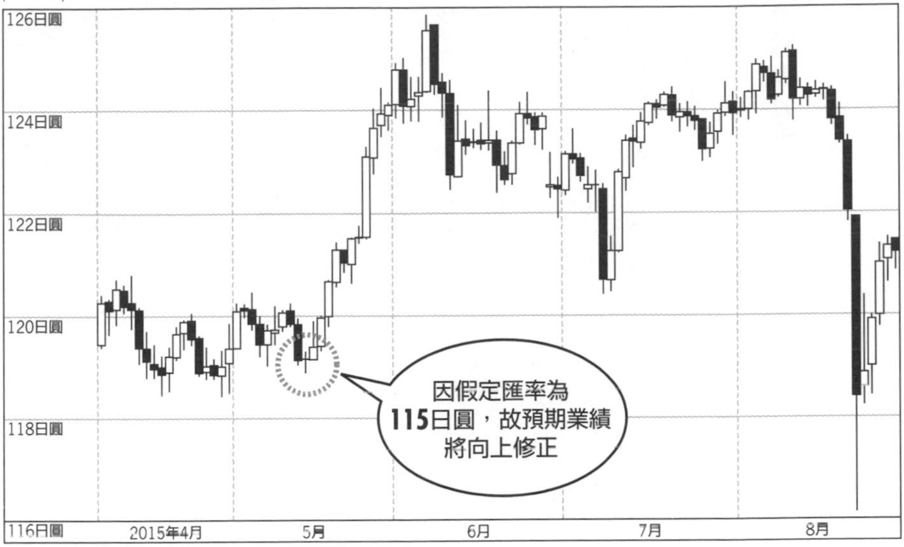

雖然是題外話，不過眾多分析師預測的綜合結果又稱為analyst consensus，可向日本經濟新聞社等公司付費訂閱。

俗稱機構投資者的大型投資單位，許多會依靠這種平均預測進行買賣判斷。由於這類平均預測的結果大都比較樂觀，因此他們會在財報公布之前便預先買進股票，當財報結果顯示雖然營收創下新高，但卻只符合或稍遜於分析師的預期時，便會立刻出脫持股換成實現利益，使得股價下跌。

05 為何業績不好，股價還會上揚？

如何解讀「好數字」和「壞數字」參雜的決算書

有的股票雖然業績很好，股價卻反而下跌；而有的股票雖然業績不佳，股價卻反而上升。以東京急行電鐵為例，這家公司2015年5月13日公布的2016年3月期的合併經常利益，較上期減少了13.5%。且距離上次經常性收入衰退，已是六年前的事。

另一方面，其稅後淨利因土地賣出而增加7%，營業額增加1%，營業利潤則減少9%。像這種各項目的結果都不一致，好壞混雜的情況，就很不容易下判斷。考慮到使稅後淨利增加的土地販賣只是一時性的收入，大多數人應該都會認為這是屬於不佳的財報，但實際上股價的變化又是如何呢？讓我們一起來看看圖表。

儘管財報公布後一時出現賣壓，導致股價下跌，但後來卻又緩緩回升。

透過圖表分析便能知道其他投資人的心思

一如前述，股價並非總是與財務預測連動。假如因為這份財報，而搶著在下個交易日股價下跌前賣掉股票，發出賣單的話，就會因為沒有跟上之後的上漲而後悔莫及。相反地，看到這份財報

1-09 東京急行電鐵（9005）的股價日線圖

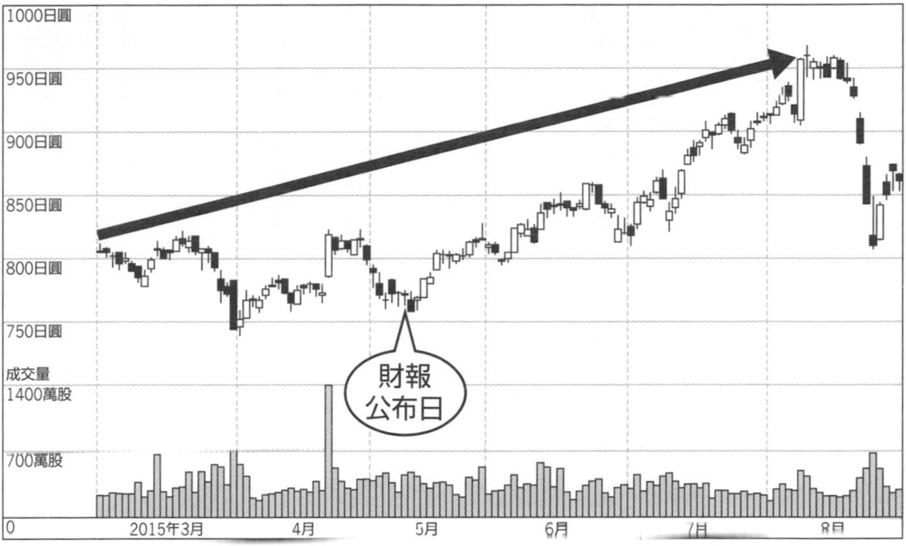

後，又有多少一般投資人是因為進行了基本面分析，才選擇在此時買進呢？

像這類的價格變動，通常被解釋成是因「利空出盡」，或是「企業預期太過保守」所造成，實際上的財務表現應該會優於預測。然而投資新手光看這些數字，恐怕是很難進行買賣判斷的。

因此，為了瞭解其他投資人如何判斷這份財報，我們才需要進行圖表分析。

以本節東京急行電鐵的例子來說，雖然財報顯示收益減少，然而股價不但沒有暴跌，反而還緩步上揚。就算遇到這種光憑自己很難判斷究竟該買還是該賣的狀況時，只要看到這種價格變化的方式，便能知道是所謂的利空出盡，明白其他投資人正在買進，所以不能賣出，又或是應該等一陣子再賣才是正確的。

06

為何買了上漲的股票，卻反而賠錢？

要是買在上漲時的「低點」……

接下來要討論的是無視業績，單純看股價變化進行買賣，卻不懂觀察買賣時機的例子。

下一頁所附的是住友不動產的股價日線圖。從這份日線圖，我們可以知道股價在２０１５年２月３日到達３７１５日圓的低點後，直到２０１５年５月21日前，都呈現波動中緩緩上升的狀態。

此後股價轉為下跌趨勢，並一度下跌至與２月３日相同的水位，跌幅與漲幅幾乎完全抵消。

不瞭解特徵性的模式就進行買賣是很危險的

像這種上漲中的股價突然下跌的情況，存在著幾種特徵性的模式。要是在對這些模式一無所知的情況下進行買賣，不僅無法獲利，還可能造成極大的損失。

例如，買在上升趨勢中低點的模式。

住友不動產的股票以１０００股為單位。假設我們在２月20日的高點後第三個交易日，也就是２月25日以收盤價４１２５日圓買進。此後股價有漲有跌，在３月10日最便宜的時候，收盤價甚至來到４０００４日圓。這時我們的未實現虧損已來到12．1萬日圓。

1-10 住友不動產（8830）的股價日線圖

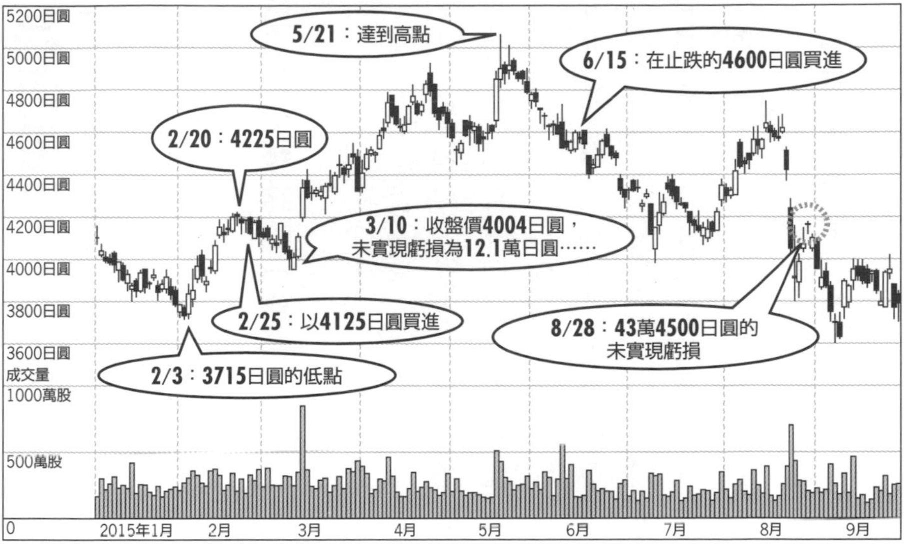

你能忍住不斷增加的未實現虧損嗎？

像這樣看著股票的虧損愈來愈大，各位還能繼續持有下去嗎？

另一方面，假設在5月21日的高點後，打著趁低點買進的算盤，以為跌勢已經止住，在6月15日以收盤價4600日圓買進的話，在之後的下跌中，你能忍住不賣，繼續持有嗎？

此外，假設你選擇繼續持有，以8月28日的收盤價4165日圓50錢計算的話，未實現虧損將高達434.5日圓×1000股＝43萬4500日圓（投資額的9.4％）。此例的重點，就在於買進的時間到底正不正確。

07

為何買了下跌的股票，卻反而賺到錢？

如果買在下跌時的「高點」……

接下來要為各位介紹股價下跌卻能獲利的例子。

左頁為索尼的股價圖。這次圖表的時間範圍稍微長一點。索尼的股價在2007年5月來到7190日圓的高點，但由於同年美國發生的次貸危機，2008年9月15日美國的大型證券商雷曼兄弟破產，使全世界的股價同時大跌。東京股市也因這類海外市場的下跌和景氣衰退的影響，使得1988年12月底一度高達3萬8957點的日經平均股價，在2008年10月28日一度跌破7000點大關，來到6994日圓90錢。

看看左頁的股價變化圖，可以看出索尼的股價在2009年2月一度來到1491日圓的低點後開始反漲。由於此後股價上漲到3645日圓，假設我們在此時買進的話，股票的價值約可翻為原本的2.4倍。

只要等著股價上漲就行了嗎？

看過這幾節介紹的例子後，各位可能會產生一種單純的邏輯，以為只要在股價下跌時買進，然

1-11 索尼（6758）的股價月線圖

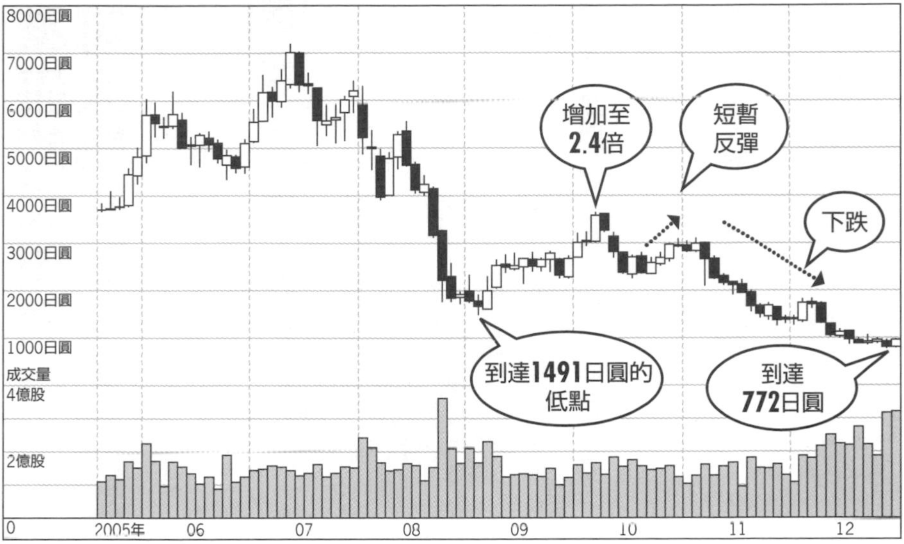

後等它上漲就行了。但這個時候，假如以為它會繼續上漲，便毫無根據地繼續持有股票的話，股價之後又會如何變化呢？

假設我們認定它還會上漲而沒有賣出，實際看股價動向的話，便會發現股價到達高點後又開始下跌，儘管一度反彈，卻沒有回到前一波高點，在2012年11月回到772日圓後又繼續下跌，而此時的投資額已經只剩原本的一半了。

像這樣沒有根據光憑感覺買賣，就算在下跌時買進，一度看似獲利，卻還是會因為錯失賣出時機，反而造成莫人的虧損。

以此節索尼的例子而言，最大的敗因就是因為沒有看出股價的主趨勢（＝大方向），誤以為股價已經正式觸底反彈。也可以說如果學過趨勢分析的話，就能避免這樣的失敗了。

尤其是知名企業的股票，更容易因為其知名度而誤以為股價不會再下跌，必須特別留意。

08

準確的買賣時機可大幅左右投資成果

臨時起意的買賣不會成功

21頁到29頁介紹的四種事例，各位都看過了嗎？

如果發現與自己的投資結果有許多相似之處，或是曾經依照股票入門書的方法投資，卻錯過賣出時機而被套牢過的話，從現在開始學習也完全來得及。請各位務必從本節開始循序讀到最後，扎扎實實地學會技術分析。

對於習慣天外飛來一筆、單憑感覺進行買賣的人，還有以基本分析進行長期投資為名，卻只是徒然浪費時間，完全沒有獲得什麼報酬的人，以及再也不想繼續這樣下去的投資者們，本書想必能對各位有所助益。

前述的四個事例應如何進行買賣

那麼，在繼續讀下去之前，就前幾節介紹的業績與股價關係的例子，以及不看業績、單憑感覺猜測股價變化的四個事例中，若從技術分析的角度來看，究竟應該注意哪些地方呢？

首先，是在業績與股價關係該節中提到的豐田汽車的例子。雖然連續三期刷新最高獲利，且財報亮眼，營收預測向上修正，但因股價先一步觸頂，接著開始緩緩下跌，所以必須注意股價走向（趨勢）已發生改變。

而在接下來介紹的東京急行電鐵一例中，股價無視業績衰退而上升，這是由於此例中股價也早在財報公布前先一步觸底，因此就算之後的財報不佳，股價也不會再跌，反而持續上漲。為了避免在這種情況下不小心賣出，最需要注意的仍是股價趨勢。

而在單從股價變化進行買賣的住友不動產的例子中，雖然股價處於上漲趨勢，但卻因為錯估買賣時機而造成虧損。尤其沒有注意到股價趨勢的變化而買進，可算是虧損擴大的主要原因。

最後在索尼的例子中必須確認的是股價趨勢，以及俗稱股價天頂的高點和俗稱底部的低點形成時出現的線形（我們稱之為型態）。

基本分析和技術分析都很重要

像這樣一一確認股價的變化，便能理解買賣時機的重要性。如果弄錯進場時機，便很容易造成損失或使損失擴大，對投資表現造成不好的影響。相反地，如果能掌握買賣時機，就能增加獲利、減少虧損。換言之，結合基本分析和能告訴我們買賣時機的技術分析，才是降低失敗機率的最快捷徑。

09

學習技術分析時必須謹記在心的事

先從初學者也能簡單上手的方法開始熟悉

本節將承續前幾節的內容，並以我個人的經驗為基礎，為各位介紹為了避免失敗、邁向成功不得不學的技術分析。

技術分析的方法有很多種，而以下是我選擇本書介紹之方法的理由。一如本書最開始介紹過的，所謂的股價變動，說穿了不外乎就是「漲」、「跌」、「橫盤」三個種類。

而如果一次使用太多技術指標，不僅只會讓自己感到混亂，有時就算是同種類的技術指標也可能釋放完全相反的訊息，就連專家也常會被迷惑。

知道技術分析指標的由來非常重要

為了不被指標迷惑，就必須慎選能準確顯示趨勢和買賣時機，即使是技術分析知識尚淺的新手也容易理解、可以輕鬆運用，順利地靠買賣獲利的技術指標。

不過，如果只是這些指標的使用方法等基本知識，坊間早已有各式各樣的股票書教授，了無新意，無法使本書成為各位讀者的助力。

1-12 進行技術分析時必須牢記的幾件事

- **瞭解技術分析產生的邏輯**
- **瞭解為何能得出這些結果**
- **謹記技術指標並非萬能**
- **比對個別股票和上市市場的特徵**
- **不要被訊號誤導**
- **瞭解技術指標何時有效、何時無效**

因此我將在本書為各位解說這些技術指標產生的邏輯，以及它們是如何得出這些結果。只要瞭解這兩點，就能在實戰中正確地使用它們。

判別分析方法適用的狀況

除了選擇能夠告訴我們想知道的訊息的技術指標外，我還會為各位解說我所選的技術指標，該在何種情況下使用才能導出可靠的結果。這是由於技術指標並非萬能，因此必須依據個別股票的價格變化和上市市場價格變化之特徵，區分訊號明顯的情況，以及不會出現明顯訊號的情況，以免在實際買賣時被誤導。此外，我也會跟各位談談判斷技術指標的訊號何時有效、何時無效的訣竅，幫助各位學會實戰時必要的一切知識。

10

瞭解技術分析的整體原理和最重要的三種分析方法

技術分析的種類不多，但數量是無限的

本節將解說技術分析的整體原理和三種重要的分析方法。首先來談談技術分析的整體原理。技術分析的名字和種類，只要替換不同的數值，再加上使用者獨自的改良，實際上可以衍生出無限多的分支。不過，粗略分類的話可以分為以下幾個種類：趨勢分析、震盪分析、型態分析、K線分析、成交量分析、循環分析，以及其他類技術分析（《日本技術分析大全》日本技術分析師協會編・日本經濟新聞社）。

初學者也能輕鬆上手的分析方法

所謂的趨勢分析，就像本書在21頁豐田汽車的例子中介紹過的，是一種用來找出與業績連動，或是與業績不連動之股價走向的工具。此外，在東京急行電鐵那樣的情況下進行買賣判斷時，也必須使用趨勢分析。

而震盪分析，則與住友不動產的事例中提到的買賣時機有關。

至於型態分析，一如住友不動產的事例所示，可用於找出趨勢轉變的時間點，或是在索尼的例

1-13 主要的分析方法和技術指標

分析方法	分析法的概要	技術指標
趨勢分析	找出股價的變化方向	移動平均線、動量指標、MACD、布林通道
震盪分析	找出買賣時機	RSI、隨機指標、RCI、MACD
型態分析	找出股價的天頂和底部，以及現在的狀態	三重（雙重）頂、三重（雙重）底、三角整理型
K線分析	透過顏色和組合，以及股價前後落差形成的線形，推知未來可能的價格變化	陽線、陰線、上（下）影線、實線、十字線、紡錘線、吞噬、母子、遭遇、反撲、烏雲蓋頂、吊首線、鎚子、晨星、夜星、島形
成交量分析	當認為成交量可引領股價時，藉由分析成交量增減來預測股價的天頂和底部，並找出買賣時機	成交量移動平均線、容量比率、逆時鐘曲線
循環分析	預測高點和低點出現的時期，並分析景氣循環等	波峰左移或右移、康德拉捷夫長波、庫茲涅茨曲線、朱格拉週期、基欽週期
其他技術分析	可同時分析趨勢和買賣時機，運用獨立而體系化的分析方法來分析未來股價	一目均衡表、OX圖、道氏理論、艾略特波浪理論、甘氏理論

子介紹過的月線圖等長時間的圖表中，用於判斷股價是否觸頂轉跌，亦即找出股價的天頂和底部，以及股價目前狀態的分析方法。

K線分析則可顯示股價推移最基本的價格變化，透過K棒的顏色和複數K棒的組合，就能得知股價的前後落差和目前線形，推測出未來可能的價格變化。

股票的買賣量每天都不一樣，有時會增加，有時會減少，而所謂的成交量分析就是捕捉這種增減，以此進行買賣判斷的分析方法。

適合中級者以上的分析方法

以上介紹的主要是初學者也能輕易吸收、可以快速理解，且易於使用的技術指標。本書接下來將詳細說明以上提及的這些內容。

至於中級以上的投資者，也有不少人會使用循環分析和其他種類的技術分析。

例如循環分析，研究的就是股價到達高點和低點的週期。這是將經濟循環的模型導入技術分析後衍生的分析方法，雖然也有人用於短期股價的分析，但較多用於長期的分析，計算中長期投資的買賣時機，並在大景氣的循環中尋找高點期和低點期。最有名的例子就是在數十年前預言到1987年的黑色星期一股災。

而其他的技術分析方法，包括在日本誕生、世界知名的一目均衡表，外國投資者經常使用的OX圖，以及在道瓊指數十分有名的道氏理論，和藉由分析股價波動率，預測股價到達高低點的時期和上升幅度的艾略特波浪理論。

本書主要介紹的分析方法

然而，想精通以上所述全部的技術分析方法，不僅需要相當程度的經驗和分析能力，也十分依賴技術分析者個人的主觀裁量，因此這次將跳過那些部分。**本書採用的分析方法，主要是趨勢分析、震盪分析、型態分析等三種。**這三種技術分析方法皆極力避免分析者個人的主觀裁量，使分析者可以進行客觀的判斷，故就算是新手也能輕易上手，是相當出色的分析方法。以下各章將介紹各種分析方法的用途，以及相關的技術指標，供各位讀者參閱。

第 2 章

建立交易原則的三種基礎分析方法

01 掌握買點、賣點的三種技術分析

為何這三種分析方法如此重要

我們在第1章提過，股價的變化基本上不外乎是「漲」、「跌」、「橫盤」三種，買賣過程中，我們首先必須判斷一支股票究竟是要買好，還是該賣好。而大部分初學者最容易失敗的地方，正是這實踐投資第一步的「買」，以及決定損益結果的「賣」。實際上，這個最重要的「買」和「賣」的部分，意外地經常遭到忽視，成為投資失敗的最大原因。

以第1章提過的豐田汽車的例子來說，明明財報業績成長，股價卻反而下跌，遇到這種情況，有點經驗的投資人都會馬上想到要「暫時等到跌勢停止後再買進」。然而，初學者卻很容易認為「因為業績很好，股價總有一天會回升。所以什麼時候買進都一樣，反正本來就打算長期持有」，結果不是還沒觸底就先進場被套牢，再不然就是按捺不住下跌而認賠賣出，以失敗收場。

另一方面，有投資經驗的投資人通常會「等觸底後再買進」，並觀察局勢。然而，「等觸底後再買進」的想法雖然是對的，但很多人卻不懂觸底的定義和判斷觸底的原則，結果只能依靠自己的感覺，導致遺憾的結果。

那麼，究竟該如何判斷才對呢？**為了避免失敗，一開始必須先建立屬於自己的觸底原則。而建**

立那套原則所需要的，就是前面強調過的趨勢分析、震盪分析和型態分析。

判斷股價走勢的趨勢分析

首先，決定買賣一支股票前，必須先判斷它的趨勢（股價的走勢）。這是為了不要買到下跌中的股票而造成損失。同理，若是發現一支股票正處於上升趨勢，或是開始上揚，就代表可以「買進」。反之，若是一支股票正處於下降趨勢，或是開始下跌，就代表應該先觀望後再進場。雖然是非常簡單的判斷原則，但很可惜的是，很少有投資專家會懂得在進行基本面分析的同時使用技術分析判斷買賣時機。

另一方面，儘管基金經理人等重視基本面分析的投資專家大多不看圖表，但實際上仍是因人而異。例如日本技術分析師協會中就有不少基金經理人，而我自己所屬的國際技術分析師聯盟加盟會員中，也有在日本赫赫有名的知名海外證券公司的基金經理人。看到他們，意識到光憑基本面分析很難取得優異表現的人也不在少數。為了提高以基本面分析為基礎的投資表現，最近愈來愈多精通基礎技術分析方法，並將其加以活用的基金經理人。在這個連身為專門機構投資者的基金經理人為了在投資競爭中脫穎而出，都開始導入技術分析方法的時代，不懂得買賣原則就進場投資，獲利的可能性可說是微乎其微。至於趨勢分析的詳細方法，我們將在第3章和第4章介紹。

尋找買賣時機的震盪分析

為了減少失敗、提高投資表現，接著就要分析買賣時機。即便知道股價整體處於上升趨勢，但因大多數情況下股價會以上下震盪的形式緩慢上揚，所以我們還必須在股價的起伏中找出準確的買

2-01 趨勢分析的概念圖

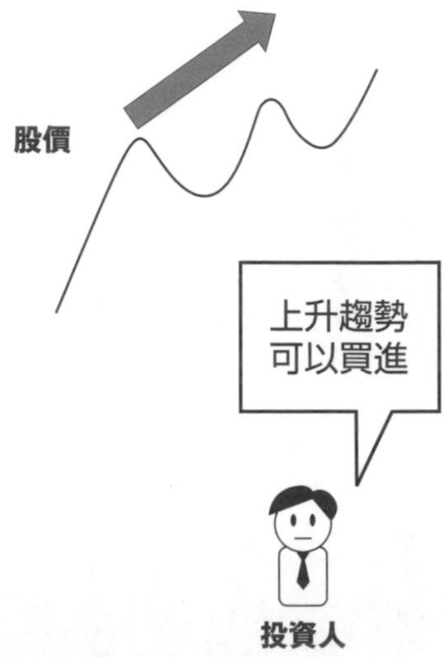

2-02 震盪分析的概念圖

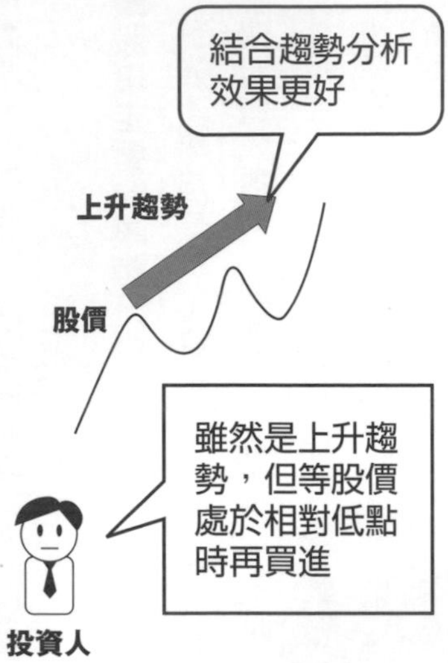

賣時機。這時我們就需要用到震盪分析。

震盪分析是提供買賣時機的技術性指標，與趨勢分析一併使用，可以發揮更好的效果。藉由結合趨勢判斷與買賣時機，將能更精準地看出震盪系技術指標發出的買賣訊號，減少不必要的進出場。此外，**技術指標提供的訊號並非萬能。有時可能提供錯誤的訊號。為此必須瞭解哪些情況下容易產生錯誤訊號。**

只要能事先預測錯誤訊號的產生，實際投資時應該就能減少買賣的失敗和損失，提高各位讀者的投資表現。關於震盪分析的詳細方法，我們將在第5章介紹。

判斷股價高點和低點的型態分析

最後要進行的則是型態分析。所謂的型態分析是藉由股價變化所形成的曲線圖形，判斷股價高低點的工具。其優點是能在趨勢分析和震盪分析皆難以看出局勢，不知如何是好、錯失最佳判斷時機時，提供亡羊補牢的辦法。

2-03 型態分析的概念圖

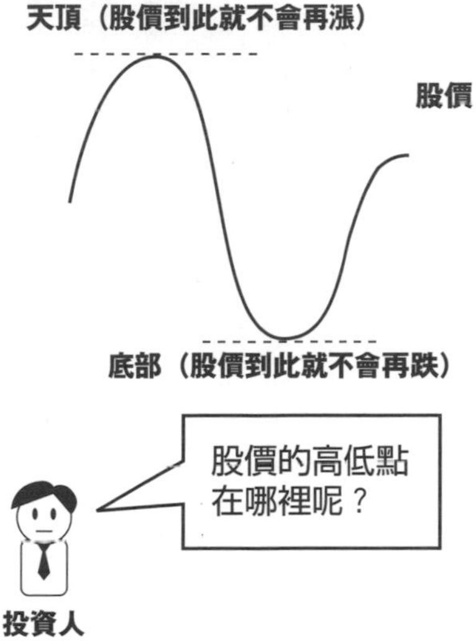

只要學會以上三種分析方法，便能知道現在究竟該買還是該賣，同時提高投資的成功率。此外，也比較不容易在分析「現在是什麼局勢」、「接下來該怎麼做」時出現誤判，在錯誤的時機進場，結果迷失方向，甚至被迫退場。關於震盪分析的詳細方法，我們將在第6章介紹。

02 三種技術指標和K線對初學者就夠了!!

為什麼K線是重要指標

「只用K線和這三種技術分析就夠了嗎?」、「只用這麼少的分析工具真的就能提高成功率嗎?」各位心中可能有所疑惑,因此我將在本節說明為何我們只需要K線和這三個重要的技術分析工具。

首先是K線。關於K線的看法,我們會在54頁詳細說明。**K線一種是含有大量多元資訊的技術指標**。因此,也有人認為可以從K線看出投資者的心理。這是因為一般人平時觀察股價時,可能只會注意交易日結束時的價格,也就是所謂的收盤價,但K線除了收盤價外,一共包含了四種不同的價格資訊。

同時,除了這四種價格資訊外,K線還分為黑和白(譯註:台灣一般是以紅和綠表示)兩種顏色。對於第一次接觸的人而言可能會覺得好像某種暗號一樣,但其實K線不僅能表現與前日對比的價格變化,還能告訴投資人當日的上升和下跌波動。

2-04｜可由K線得知的資訊

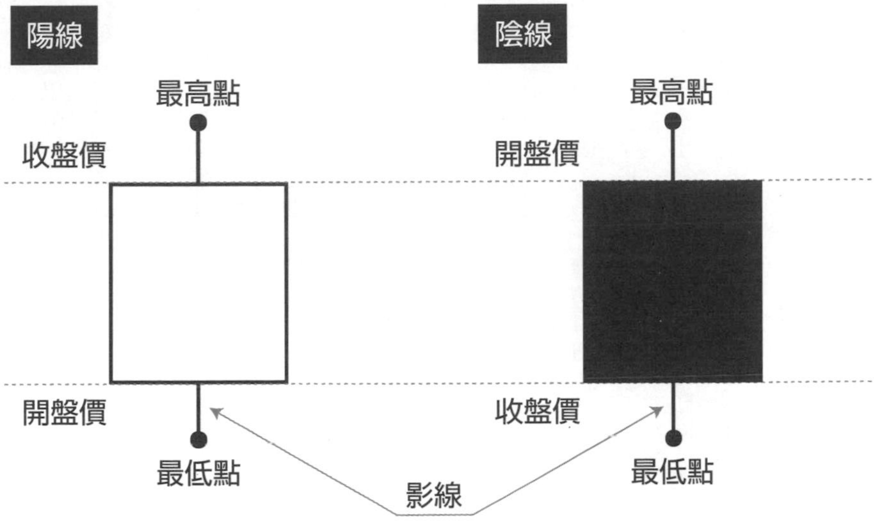

K線和技術指標的關聯性

由於K線可以表示股價在一個交易日內的時間變化，以及多個交易日的連續波動，故常被運用於型態分析。許多投資人平時應該只會觀察股票的收盤價，心情也隨著股票的漲跌而大起大落。然而，若能解讀K線包含的四種價格資訊，加上不同顏色組合所構成的K線圖，其實就能知道各式各樣的事情。

例如，包括此時市場賣方和買方的勢力強弱，以及透過複數K線的組合讀出看似複雜的股價走向。此外某些K線組合的特徵不僅能活用在型態分析中，甚至還能判讀出股價的天頂和底部等情報。

不僅如此，就連趨勢分析其實也與K線息息相關。因為趨勢分析就是由每日收盤價所構成的。因此，藉由K線和趨勢分析的結合就能看出股價走向，和上升趨勢中的最佳買點。

設定停利點和停損點

只要學會從K線看出市場動向，以及用趨勢分析解讀股價走向，並懂得找出適合進場的買賣時機，就能提高投資表現，開始設定停利點和避免虧損擴大的停損點，有效運用投資資金。

另一方面，因為股價不會永遠上漲，也不會永遠下跌，所以**只要活用能找出股價天頂和底部的型態分析，就能看出趨勢反轉和買賣訊號發生前的預兆，可謂是如虎添翼**。對於投資判斷最重要的市場現狀分析、加上準確的買賣時機和買賣判斷，以及可看出股價天頂和底部的工具，只要學會這三種技術分析方法就已經非常足夠了。

45頁的流程圖表示的是進行技術分析的順序。通常第一次買進的時候，會以基本分析來選擇要買哪一支股票。但不論候選清單中的股票只有一支或是很多支，都需要進行趨勢分析來計算適合的時機，判斷應該現在買，或是應該先觀察一陣子。

舉例來說，按照圖表2－05上半部的流程，即便基本分析告訴我們這支股票值得投資，但若趨勢分析顯示該股票處於下跌趨勢，就應該先觀望後再進場。不過，在觀望之後，有的股票可能會突然觸底反漲，轉入上升趨勢，因此除了趨勢分析外還需要再加入型態分析，摸索股價觸底的可能性，計算最適合進場的時機。

此外，賣出持有股時也是依循相同的步驟，需要判斷趨勢是否改變，或者股價是否已經觸頂。因為整個流程十分簡單，就算是新手也能快速上手。同時這流程也有助於客觀的判斷，使投資者可以用一致的原則選股，計算買賣時機。

具體而言，我們會從各公司開始陸續公布下年度財測的2月左右開始選股。然後對選出來的股票進行趨勢分析。假如該股當期的業績不錯，次期的財報也被看好的話，股價會從此時開始緩緩上

2-05 初學者不易失敗的技術分析流程

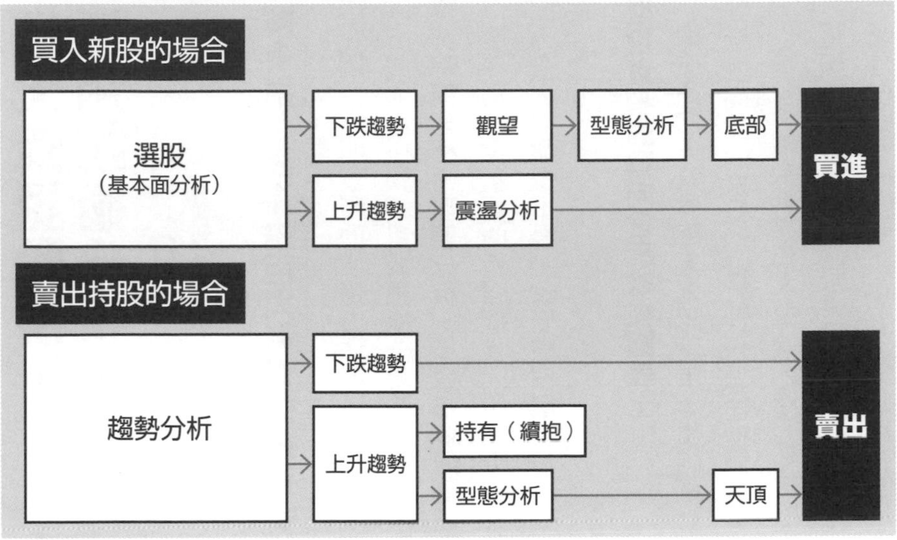

揚，逐漸觸頂。

此外，如果次期財報看旺，股價卻停滯不動，甚至轉入下跌趨勢，其他投資者有時會暫時觀望，確認財測是否真的正確，所以最好先保持觀望。

像這樣從新年過後開始布局，可能會比較適合初學者。此外，較熟練的投資者也可把這套流程應用在持有股的調整上。

03

每天確認股價，活用技術分析吧

瞭解會對股價產生巨大影響的投資者的行動

在開始說明具體的使用方法前，我想先說明能更有效利用技術分析的準備工作。

一如大家所知，用於技術分析的材料——股價是每天變動的。同時，以股價為基礎的趨勢分析和買賣時機分析、型態分析，三者都會隨著股價每天變化。

至今仍記憶猶新的希臘債務問題、中國景氣減速的擔憂，以及美國升息等，外部環境的變化都可能一夜之間顛覆市場、改變整個環境和情勢。

大型投資者的動向會反映在圖表上

即使如此，只要每天確認股市，便能察覺環境的異變。因為諸如保險公司等大量投入資金在股票等金融商品的單位，也就是俗稱機構投資人的大型投資者，以及避險基金（主要是外國投資客），還有身為全世界最大型公共投資機構的國內年金基金等，其買賣動向都會顯示在圖表上。

這類會大量蒐集資訊進行分析的投資者，一旦發現風險升高，便會在實際災害發生前先行退場，或是相反地，就像2014年10月31日日銀宣布擴大寬鬆時那樣，在政府進行量化寬鬆後大量

2-06 TOPIX 日線圖

買進。他們經常會在結果明朗的前後，或是確認結果時展開大動作，進行此類投資行為。

也要留意其他各種指標

尤其是可以顯示市場整體變化的指標，如日經平均股價和東証股價指數（TOPIX）、JPX日經400等，則更能清楚看出此類波動。因此，一定要每天撥空確認這類指數的價格。此外，觀察價格的同時也請好好比對圖表。如此一來不僅能預先發現變化的徵兆，比其他投資者早一步行動，更能幫助各位在投資時迴避風險、抓住機會。

04

除了大盤指標外，也要每天確認個股的動向

因太過自信而怠於確認股價，將可能導致虧損

我們在前一節解說了日經平均股價、東証股價指數（ＴＯＰＩＸ）、ＪＰＸ日經４００等市場全體的價格波動，但如果認為只要確認市場整體的動向，就不需要確認自己手中個股的話，可就大錯特錯了。自己持有的個股動向也必須好好確認才行。這是因為有許多個股是不會隨著日經平均股價和ＴＯＰＩＸ等大盤指數變動的。

此外，個別企業的相關新聞和投資者的疑慮等也會影響個股的交易，所以絕對不能對個股動態置之不理。

就算日經平均股價不變……

更常聽到的另外幾種失敗則是「因為工作較忙而沒空確認股價，結果等到發現時股價已經暴跌」，以及「因為日經平均股價等市場全體的指標處於橫盤，又或是正在上漲，所以以為自己的持有股應該也在上漲，沒有繼續追蹤股價，結果反而跌了」等說法。

除此之外，還有「發現下跌時損失已經擴大，但因為大盤正開始漲，所以覺得過一陣子股價應

該又會回來而沒有處理。結果未實現虧損反而更嚴重了」這種失敗的案例。

錯過賣出時機而被套牢時投資者的心理狀態是？

遇到這種狀況而被套牢的投資者，雖然在人前不敢說，但實際上應該不少才對。

這是因為對於手上握有股票的投資人而言，要眼看著股票已經獲利而忍住不賣，需要非常強大的意志力。因此，一般人很容易見到股票賺錢就急著賣掉，但錯過賣出時機而被套牢，或是股票開始賠錢時，傾向忍耐、選擇繼續虧損而不肯賣出的人又壓倒性地多（這種現象可用經濟學上的展望理論來解釋）。

05

不能每天看盤的話就設定預先下單吧

可用技術分析指示適合的買賣時機

可以的話最好是能每天確認股價（看盤），不過如果無法每天看盤，卻又真的很想投資股票的話，就更需要懂得技術分析了。這是因為技術分析雖然不是萬能的工具，卻能成為關鍵時刻的判斷材料。

好比在股價上漲期間，突然必須到外國出差，無法親自看盤時，就可使用趨勢分析，預先在趨勢可能反轉的時間點下單賣出，確保獲利。

我們無法肯定何時會出狀況

還有，假如想在股票開始上漲時買進，卻不想因為正好在坐飛機或搭電車而錯過時機，又或者是手上的股票發生虧損，正在煩惱該不該賣出時突然有緊急的重要工作而無法看盤，這種時候就可以用到技術分析。

尤其是想投資股票籌措養老基金時卻剛好遇到重大疾病，或是必須照顧家人和父母的時候，儘管基本分析無法告訴我們買賣時機，但趨勢分析卻能告訴我們應不應該持有某張股票。而買賣時機

分析更能告訴我們現在究竟該買還是該賣。

因為型態分析能告訴我們股價的天頂和底部，對於生活忙碌的人而言，就可以運用這些分析預先設定下單，在電腦上指定買進或賣出的價格。

接著只要股價來到預先指定的價格，軟體就會自動送出買單或賣單，不僅可以實現獲利或停損，還能確保不會錯過買點。

以上介紹的下單方法叫做「停損單」。一般網路證券服務等都有提供這種功能，只要開戶後就可使用。此外還有另一種「追蹤止損」的下單方式，如果兩者都能學會，關鍵時刻必定能派上用場。

06

影響股價走向的背後機制是什麼？

會影響趨勢的好消息和壞消息

不過，如果是性格更謹慎的人，或是仍對技術分析抱有質疑的人，就算發現趨勢產生或買賣時機，還是會懷疑這趨勢真的會持續下去嗎？就算過去沒有出現意外，也不代表未來不會如此吧？因而有所遲疑。

所以，以下我想介紹幾個例子。

政權輪替引發的上升趨勢

第一個例子是趨勢產生的案例。這類例子中最容易理解的，應該就是日本2012年12月16日的眾議院選舉，政權由民主黨轉移到自民黨所引發的股價上漲。當時，自民黨在選舉中獲得壓倒性的勝利，日經平均股價一路大漲9000點，一般而言，根本沒人想得到漲勢會持續至2015年6月突破2萬點大關，甚至刷新自2000年4月IT泡沫以來的高值，來到2萬952點。

結果股價直到2015年6月24日才停止上漲，也就是所謂股價的上升趨勢。通常股價趨勢的發生有幾個原因，例如上升趨勢的產生，通常是因為市場上出現好消息（業績繼續成長、新產品的

2-09｜好消息產生上升趨勢的背景

	獲得資訊的時間	最初的投資行動	接下來的投資行動
投資人A	當日	買進	賣出
投資人B	當日	觀望	買進
投資人C	數天後	買進	觀望
投資人D	數週後	買進	觀望

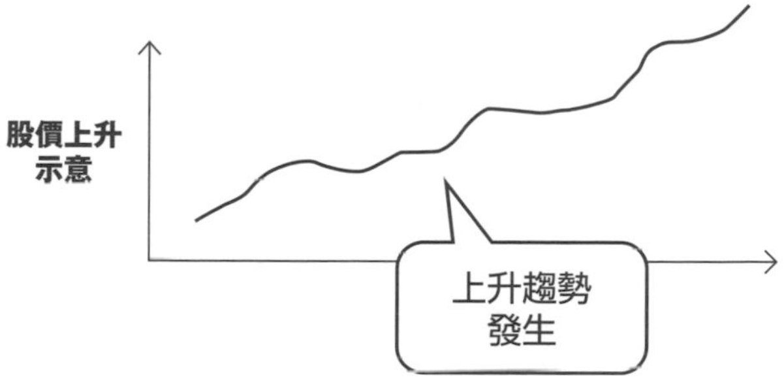

發表、申請或取得專利、月報表現佳、企業合作、股東變更、國家政策、好天氣等）。

另一方面，下跌趨勢的產生，則可能肇因於壞消息（業績衰退、重大噩耗、專利過期、月報惡化、合作中止、股東變更、國家政策、天候不佳等）。

無論好消息或壞消息都需要一段時間才會為全部投資人所知

以上所述之趨勢發生的原因，不論好消息還是壞消息，傳到所有投資人耳中都會產生時間差。此外就算得到消息，當下的判斷也不一定能馬上付諸行動，可能會有所延遲。**在我看來，諸如此類的訊息傳遞和投資行為發生的時間差，正是使股價持續上升和下跌的趨勢發生的原因。因此，每天觀察股價是非常重要的。**

07

學習K線的基本看法

何謂構成K線的四種資訊？

K線是種同時擁有四種資訊的優秀指標。這四種資訊分別是開盤價、收盤價、最高價和最低價。一般新聞中出現的只有收盤價，就算可以知道與前日相較的變化，卻無法得知一個交易日當中發生了哪些事。然而，如果使用K線的話，就能瞭解一個交易日內的股價變化，以及走勢的強弱。同時也能成為預測未來動向的線索。

透過這四種資訊與多個K線的組合，就能組合出數種模式。只要記住這些模式，就能瞭解這些股價的各種意義，藉此預測未來的價格變化，進行買賣判斷。

「強勢」的陽線和「弱勢」的陰線

這些模式中首先要看的是開盤價和收盤價的比較。比較的結果有兩種，分別是收盤價高於開盤價，以及開盤價高於收盤價的情況。如果收盤價較高，就代表從交易開始到結束的過程中，股價呈現上升，走勢較強。這種K線我們稱之為「陽線」。另一方面，如果是開盤價較高，就代表股價在交易日內呈現下跌，走勢較弱，這種K線我們稱之為「陰線」。這就是K線的基本看法。

|2-10| K線的製作方法

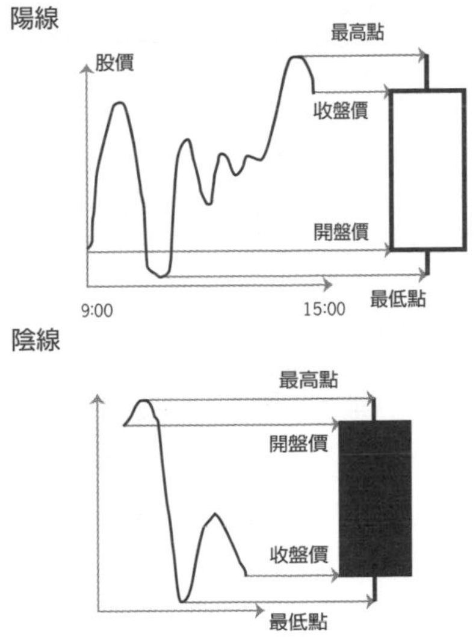

|2-11| 陽線和陰線長度的意義

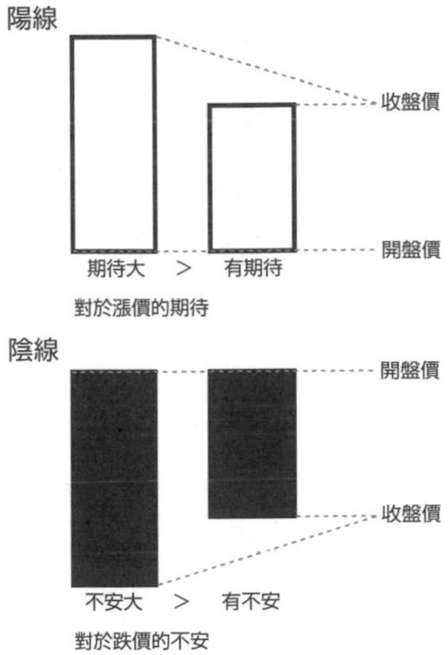

開盤價和收盤價的位置關係決定了一條K線屬於陽線還是陰線，以及當天股價的走勢。陽線的話就代表「強勢」，陰線則代表「弱勢」，表現了投資者對股價走勢的心理。

陽線持續和陰線持續時的應對法

接下來，我們來看看陽線和陰線持續不斷時的情況。如果陽線和陰線不是曇花一現，而是連續好幾天都是陽線的話，代表交易開始後買單不斷進來，如果隔日的開盤價又高於前日的收盤價，便可認定股價正值上升趨勢。另外，假如是陰線持續的話，便代表直到交易結束前都不斷有賣單出來，如果開盤價比前日的收盤價更低，陰線又繼續出現的話，便代表股價正在下跌趨勢中。諸如此類，若陽線持續則為上升；若陰線持續的話，代表股價處於下跌趨勢。

那麼，各位如果要買股的話，會在陽線持續時，還是陰線持續時買進呢？雖然無法保證上升趨勢會一直維持下去，**但陽線持續的場合，由於**

交易過程中股價是呈現上漲的，因此應該在交易開始時買進，在上升趨勢結束之前保持持有比較好。另一方面，如果陰線持續的話，因為股價處於下跌趨勢，故可判斷「應等到觸底止跌後再買進」，避免在下跌過程中買進而導致失利。不過，陰線持續的時候，一定要小心不要落入以為股價已經跌得差不多，結果買進導致套牢的陷阱。

2-12 陽線和陰線的上影線

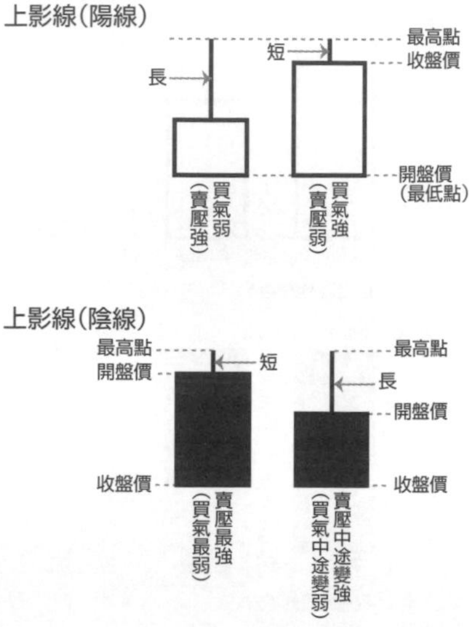

2-13 陽線和陰線的下影線

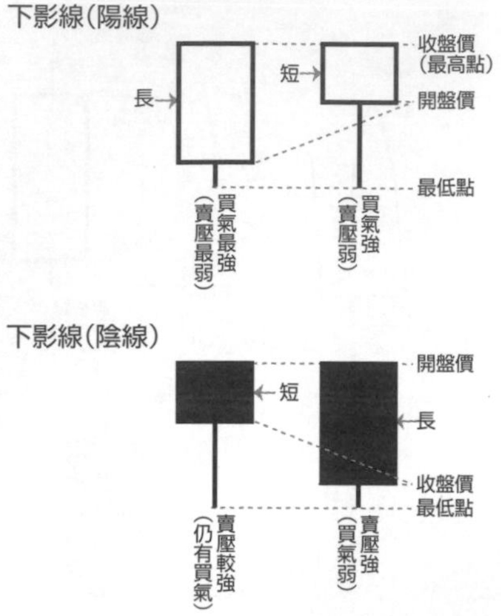

陰線和陽線持續交互出現時的應對法

接下來，我想討論一下陰線和陽線交互出現的模式。由於「陽線代表股價強勢」，「陰線代表股價弱勢」，故交互出現代表的其實就是「強弱的拉鋸」。因此，股價容易出現橫盤。如果遇到這種情況，大家會如何投資呢？

這種時候，由於股價走向不明顯，因此觀望才是正確答案。就算只學會簡單的K線看法和其形狀代表的意義，對於以前那些看了似懂非懂的圖表，應該也會有全然不同的心得才對。

2-14 Sodick（6143）的股價日線圖　股價因新聞和專業報紙的報導而持續上漲

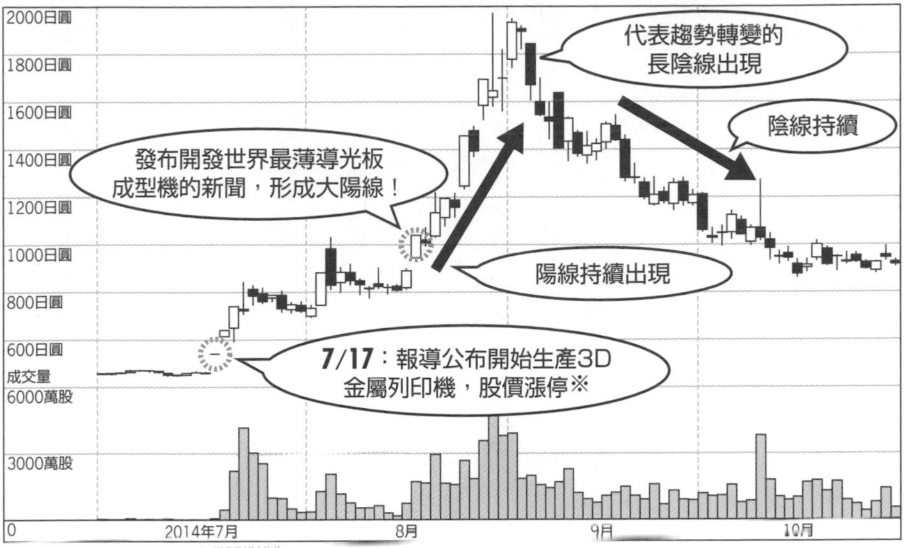

※買氣人強使得股價漲到漲幅限制

2-15 可從 K 線獲取的資訊

- K線含有的四種資訊→開盤價、收盤價、最高點、最低點
- 陽線→收盤價高於開盤價
- 陰線→收盤價低於開盤價
- 陽線持續→上升趨勢
- 陰線持續→下跌趨勢
- 陰線和陽線交互出現→橫盤

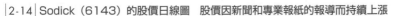

08

利用K線進行趨勢分析

捕捉隔日股價動向和變化的預兆

本節將解說使用K線進行趨勢分析的方法和看法。趨勢（股價走向）的分析方法有好幾種，其中K線分析乃是得知趨勢的基礎，以下介紹的就是這套方法。

如何使用K線進行趨勢分析？其中一個重點就是構成K線的資訊。沒錯，也就是股價、陽線和陰線。舉例來說，請各位思考一下何謂上升趨勢。所謂的上升趨勢，也就是股價在線圖上持續往右上方移動。這時候，K線會是什麼形狀呢？還有，價格的前後落差又是如何呢？在上升趨勢的情況下，K線的收盤價理應高於前日的最高點。此外，K線也必須為陽線。

另一方面，如果K線為陰線卻仍高於前日的收盤價，仍可視為上升趨勢；但如果K線為陽線，卻未能高於前日的收盤價，則無法視為上升趨勢。相反地，若該日的收盤價低於前日，則為下跌趨勢。當最低點破前日低點且形成陽線時，也可視為下跌趨勢；但如果K線為陰線，最低點卻未低於前日的收盤價，則不能算是下跌趨勢。就像這樣，**我們可藉由K線的高點是否高於前日的收盤價，以及低點是否低於前日的收盤價，來判斷短期的股價趨勢。**

從陽線和陰線來解讀

藉由陽線和陰線背後的意義，也可用來判斷股價的趨勢。例如，若股價未能向上刷新前日的收盤價，但仍以接近前日收盤價的價格形成陽線，便可認為上升趨勢將持續；而股價未能向下更新前日的收盤價，但仍形成陰線的場合，則可認為是下跌趨勢。像這樣藉由設定趨勢的定義，就能判斷股價正在上升還是下降，如果發現手中持股處於上升趨勢時，便知道應該繼續持有以增加獲利。相反地，如果發現股價正在下跌，就能知道不該買進，應該繼續觀望。此外，當股價一下高於前日收盤價，一下又低於前日收盤價時，便代表股價處於橫盤，假如股價固定在一定的價格範圍內反覆波動，便可考慮在此價格範圍的低點買進，然後在高點賣出。

像這樣運用K線顯示的資訊來定義股價，便能看出至今未能發現的股價趨勢。此外，能夠看見這種趨勢後，便能預測翌日的動向，就算發生預測外的變動也能提早察覺變化的徵兆，對買賣判斷十分有助益。

不過，有時股價不會一直向前日收盤價上方移動，也不會一直向下刷新。此外，也有可能下跌後又再次上揚，或是上漲後突然下跌。遇到這種情況時，投資人比較可能被迷惑。尤其在下跌趨勢中，要小心不要一見到反彈就貿然買進，結果股價又繼續下跌。遇到此類狀況的應對方法，我們將在第3章的「移動平均線」一節中詳細介紹。

|2-16| 5 月的收盤價持續刷新前日高點，而 6 月股價則持續低於前日收盤價，維持陰線

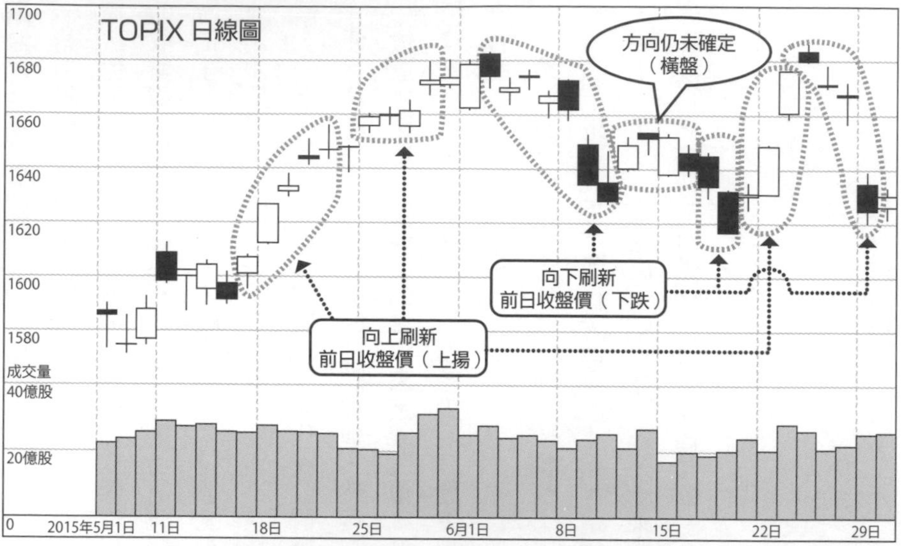

|2-17| 股價只有上揚、下跌、橫盤（整理、區間震盪）三種變化

上揚	・股價向上刷新前日收盤價（買進或續抱）
下跌	・股價向下刷新前日收盤價（賣出或觀望）
橫盤	・股價時而向上刷新、時而向下刷新前日收盤價，方向不定 ・股價在一定範圍內，時而向上刷新、時而向下刷新前日收盤價（整理＝觀望，區間震盪＝在低點買進、高點賣出）

09 解讀「上下搖擺」的震盪分析

「差不多該賣出」的「差不多」之定義

前面已經說明了K線的基本看法與如何使用K線進行趨勢分析，接下來我將繼續為各位解釋何謂能告訴我們最佳買賣時機的震盪分析。所謂的震盪分析（Oscillator），是一種由外國發明、後來才引入日本的技術指標。「Oscillator」這個詞直譯的意思就是「會震動的東西」或「震動子」，而用技術分析來解釋的話，指的就是會上下搖擺的技術指標。

建立基於客觀定義的判斷標準

那麼，關於這種上下搖擺究竟是怎麼一回事？如同各位在62頁的圖表中所見，就是從0到100之間上下搖擺的技術指標。圖表中雖然沒有明確的上限和下限，但震盪指標基本上都在0到100之間搖擺，而我們就是以此為基準來計算買賣時機。

在此我想問大家一個問題：我們一般所說的買點（適合買進的時機）和賣點（適合賣出的時機）究竟是什麼樣的狀態呢？大家認為什麼時候才是好的買點和賣點呢？我們在日常生活中經常聽到「差不多」這種說法。好比「差不多要止跌了」、「差不多該賣掉了」等等。這個「差不多」的

2-18 SHIMAMURA Co., Ltd.（8227）的股價日線圖與 RSI

時間，大家都是怎麼定義的呢？其實，這個「差不多」的定義至關重要。

原理簡單的指標

因為如果沒有固定定義，任憑個人的感覺判斷，很容易使得每次的依據和標準都不一樣，甚至被當下的心情影響判斷，無法穩定地得到好的投資結果。因此必須使用客觀的定義，找出無論何時都能適用、穩定的判斷基準。而本節介紹的震盪系技術指標就是一個有效的基準。

此外，震盪指標的原理十分簡單，從初學者到中、高級投資者都能上手。因此，為了瞭解究竟如何找出買點，初學者一定要先確實學會震盪分析。

10 顯示股價力道的動量指標分析

為補足趨勢分析而存在的技術

接著要介紹的是動量指標分析。前面曾說過，在計算買賣時機（買點和賣點）的時候，搭配趨勢分析可發揮更好的效果。而動量指標分析不僅可以補充趨勢分析的不足之處，還能有效發現震盪指標的錯誤訊號。

動量指標（Momentum）一詞原本是勢力或推進力的意思，而一如其意，動量指標就是用來表示股價力道的指標。那麼為何動量指標可以補足趨勢分析呢？這是因為就算股價處於上升趨勢，但如果沒有力道的話就無法長久維持，而從推進力的意思來看，如果缺少力道，價格變動的幅度也會趨弱。這種時候就算買進原本處於上升趨勢的股票，上升趨勢也可能因為抵擋不住賣壓而停止，反而下跌。

動量指標可判斷上升、下跌趨勢會持續多久

而結合動量指標所顯示的股價力道和趨勢分析，就能知道現在的趨勢究竟是強是弱，以及究竟是上升趨勢的力量還是下跌趨勢的力量比較強。64頁是使用動量指標的圖表。只要運用這些特徵，

2-19 三菱電機（6505）的股價日線圖與動量指標

就能在上升趨勢力道不足時提早發現，獲利了結，或是及時賣出以避免損失擴大；而在下跌趨勢力道中，如果動量指標顯示下跌力道不夠時，便能知道「差不多」到了買進的時機，可以用客觀的數值進行判斷。

更進一步來說，當上升趨勢中動量指標開始變強時，就可考慮買進或續抱；而當上升趨勢中動量指標較弱，或是下跌趨勢中動量指標較強時，則應優先觀望或進行獲利了結。各位覺得如何呢？結合K線和趨勢分析、震盪分析後，計算買賣時機是不是變得容易多了呢？如果這些工具都能運用自如的話，想必可以幫助各位提高投資成果。

第3章

精通趨勢分析①（趨勢線和移動平均線）

01

輕鬆畫出趨勢線

從角度就能看出趨勢

那麼，接下來讓我們一起徹底精通趨勢分析吧。所謂的趨勢意指股價的走向，舉例來說，大家都是如何判斷股價正在上漲還是下跌呢？大部分的場合，多數人應該都是從股價比昨天高或低等超短期的價格漲跌來判斷。但要是在實際的股票投資中依賴超短期的股價變化，很可能會被當時的股價波動耍得團團轉，難以客觀地進行判斷。

因此，我們才需要趨勢分析，不被每天的價格波動所迷惑，客觀地判斷股價走向。

首先，初學者要先學會如何畫出趨勢線。趨勢線的畫法很簡單，不需要什麼特殊的技術或技法。只要由左而右，連接兩條K線影線的最低點（下影線或K線實線）就可以了。或是由左而右連接兩條K線的最高點（上影線或K線實線）。連好後就完成一條趨勢線了。非常簡單吧。

何謂支撐線和抵抗線代表的趨勢？

那麼接著請各位看看67頁mixi（2121）的圖表。2015年1月26日跌至3875日圓的低點後，2月13日又再次跌至4020日圓的低點並反彈。連接這兩個低點，就能畫出一條由左而

3-01 mixi（2121）的支撐線（support line）

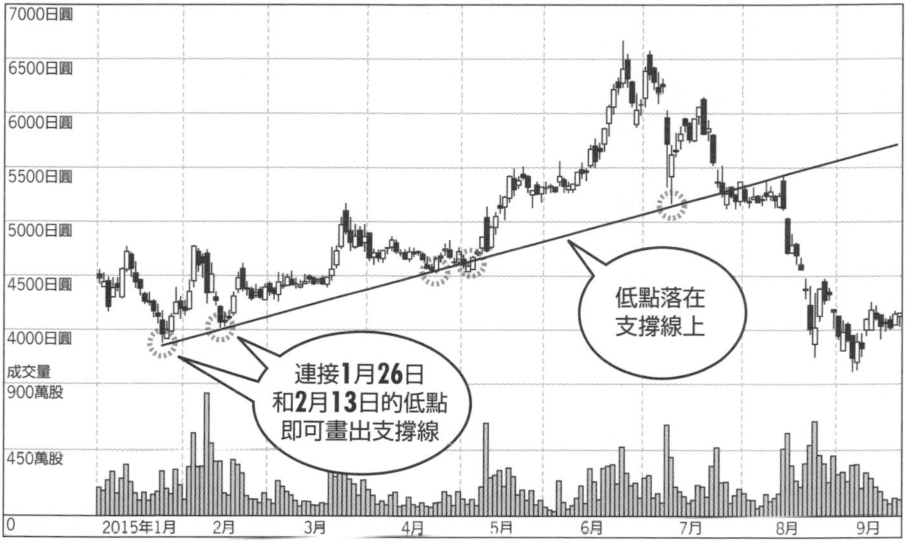

右的直線。然後，我們可以看出4月22日和5月1日、7日、8日，和7月9日的低點都落在這條支撐線上。由於股價沒有突破這條支撐線，表示股價將維持在線上，持續往支撐線顯示的股價走向（趨勢）移動。

接下來要談談趨勢的判斷。趨勢的方向，決定於趨勢線的角度。大家還記得小學時用的量角器嗎？要確認股價的趨勢，請各位先在心中想像一個360度的圓形量角器（不需要真的使用量角器）。

趨勢可以客觀地判斷

當趨勢線的角度為0度或180度時，表示股價呈現橫盤。90度到180度之間為上升趨勢；180度到270度之間則為下跌趨勢。只要像這樣嚴謹地測量角度就能將趨勢數值化，進行更為客觀的判斷。

至於最重要的mixi的支撐線趨勢，因為角度在90度到180度之間，故應屬於向右上方移動

3-02 mixi（2121）的抵抗線（resistance line）

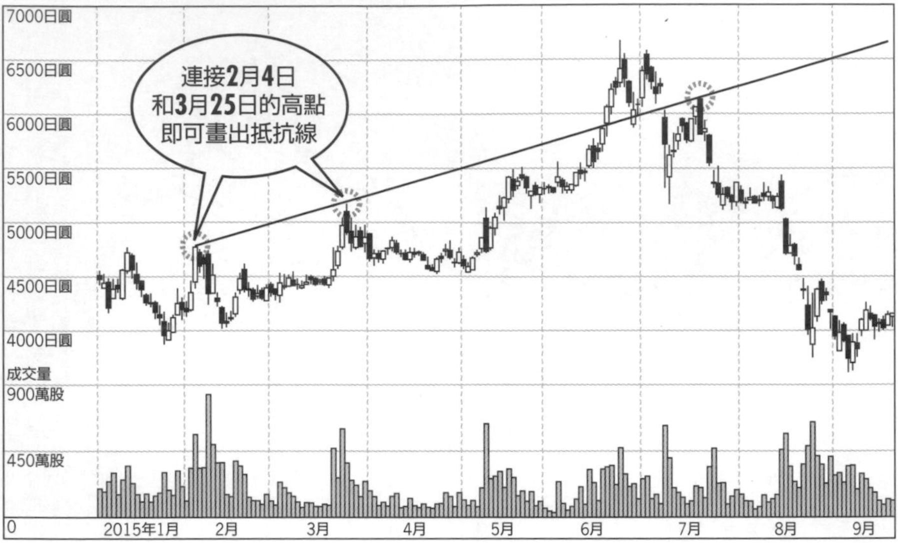

的上升趨勢。

抵抗線的畫法也一樣。讓我們再來一起看看mixi（2121）的那張圖表。請見圖表3－02。這張圖表中的抵抗線，是由2月4日高點的4780日圓與3月25日高點的5170日圓所連成。此外，就跟之前的支撐線一樣，因為高點和高點之間連成的直線也是向上移動，故可知抵抗線也是上升趨勢。至此，我們已檢證過趨勢線的方向，那麼上下變動中的股價趨勢，又該如何判斷呢？要回答這個問題，便需要組合剛才提到的兩條線。至於如何組合這兩條線，我們將在下頁介紹。

02 用兩條線的方向（通道）判斷股價趨勢

接下來終於要開始為各位說明如何判斷股價的趨勢。實際上，為了判斷股價的趨勢，我們需要同時確認上節提到的兩種趨勢線。實際找過一次趨勢線的趨勢後大家應該也都知道了，所謂的上升趨勢如果是抵抗線，為了畫出一條往右上方移動的線，股價必須突破前一波的高點。而如果是支撐線，最近一波的低點則必須落在前一波的低點之上。

假如這兩種趨勢線的狀態一致，也就是抵抗線和支撐線都往右上方移動，代表股價也向右上移動，即可認定為所謂的上升趨勢。同理，若是支撐線向上移動，抵抗線卻向下走，則無法視為上升趨勢。此外，當抵抗線向上，支撐線向下時，同樣不能算是上升趨勢。股價的下跌趨勢也是相同的道理，但與上升趨勢相反，由於是高點和低點同步向下的狀態，故以抵抗線和支撐線來說，兩者都必須向右下方移動。

看懂通道向上或向下

之所以一開始就先教大家如何畫趨勢線，是希望讓大家瞭解就算股價突破高點，也不一定代表處於上升趨勢；相反地就算股價跌破低點，也不等於就是下跌趨勢，希望各位記住這兩條線的方向有多麼重要。因為很多人投資失敗都是被表面的股價所騙，不小心買到下跌中的股票，或是選擇續

|3-03|mixi（2121）的趨勢線（抵抗線＆支撐線＝通道）

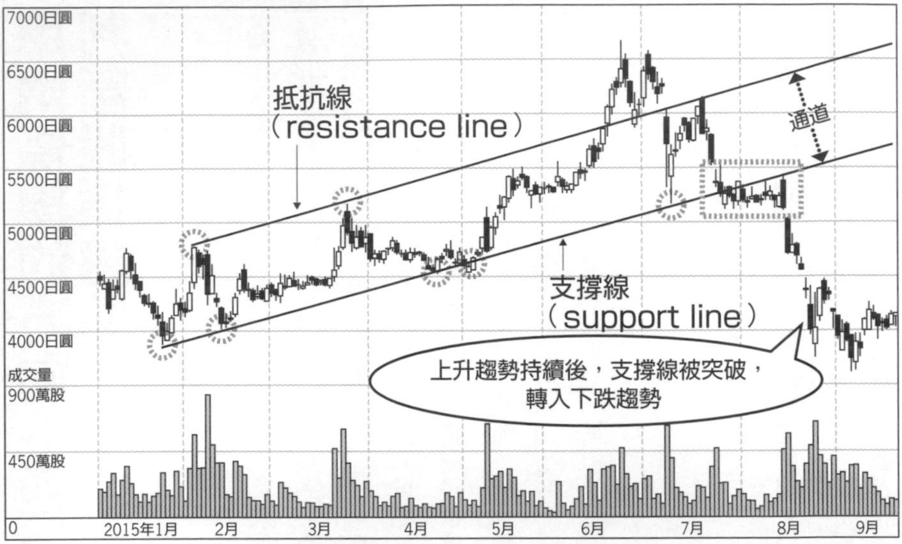

抱而導致虧損擴大。

那麼，接著我們來看看處於上升趨勢的股價圖。也就是剛才看過，已畫好支撐線和抵抗線的mixi的股價。觀察mixi的線圖，可知該股的支撐線和抵抗線都向右上方移動。這種狀態便可看作「股價處於上升趨勢」。而抵抗線和支撐線中間的區域則稱為通道，故上升趨勢又可稱為「上升通道」，下跌趨勢則稱為「下跌通道」。請各位記住這個小知識。

簡化確認持有股狀態的工夫

至此我們已詳細解釋了何謂股價的趨勢，相信各位應該都已經十分瞭解了，接下來就稍微介紹一下簡單的買賣判斷吧。只要懂得趨勢分析，買賣判斷其實非常簡單。舉例來說，在確認股價為上升趨勢，且位於支撐線價格時買進的話，只要股價持續往右上方移動，股票便會產生潛在獲利。此外，如果股價持續往右上方移動，當持有股票的時間愈長，隨著股價上升，潛在獲利也會

3-04 趨勢線整理

趨勢線	趨勢線的定義	
	上升趨勢	下跌趨勢
抵抗線（resistance line）	刷新前一波高點	在刷新前一波高點前便下跌
支撐線（support line）	未能跌破前一波低點	刷新前一波低點
股價（日線）	抵抗線、支撐線同時向上	抵抗線、支撐線同時向下

增加。另一方面，7月底之後mixi的股價跌落至支撐線以下，代表股票可能轉為下跌趨勢，務必要注意。

投資上升趨勢持續的股票

一如前述，雖然是很簡單的分析方法，但只要學會的話，就算是白天忙著工作的上班族，或是每天忙於念書和玩樂的大學生，只要能每天在交易結束後確認一次股價，檢查股票是否仍在上漲就可以了。投資這種處於上升趨勢的股票，正是股票投資的醍醐味，並且可以為自己帶來收入。

此外，如果不是因為業績衰退等直接影響股價的壞消息，而是因供需關係導致的獲利了結賣壓造成短期下跌，只要股價仍維持在抵抗線和支撐線之間（通道中），沒有跌破支撐線的話，就代表上升趨勢還未結束，不需要急著脫手賣出。

03

趨勢線的類型①「下行平行線」

下跌趨勢的重要訊號

接下來我們將進一步加深各位有關趨勢分析的知識，介紹各種可從趨勢線分析推出的趨勢類型。而本節將分析的，同樣是支撐線和抵抗線平行的類型，但跟mixi那種兩條線平行向上的形狀不同，是兩條線平行向下推移的類型。所用的範例為大豐建設（1822）的股價圖。

觀察這支股票，我們可以得知股價在2015年3月2日到達738日圓的高點後，又一路跌至8月25日466日圓的低點。

對於不畫趨勢線、單看股價來追蹤股票的人而言，經過高點738日圓以來的跌勢後，在5月底至6月初的一波低點反彈時，可能會誤以為股價已經觸底回升，而在6月高點後的回漲處買進。

趨勢也能用來判斷是否適宜長期持有

此外，比較謹慎的投資人可能會看到價格變得更低，選在8月4日低點後下個交易日（5日）的回漲點買進。

然而，如果在8月5日的時間點畫出抵抗線和支撐線，連接3月2日的高點和6月22日659

3-05 處於下跌趨勢的大豐建設（1822）

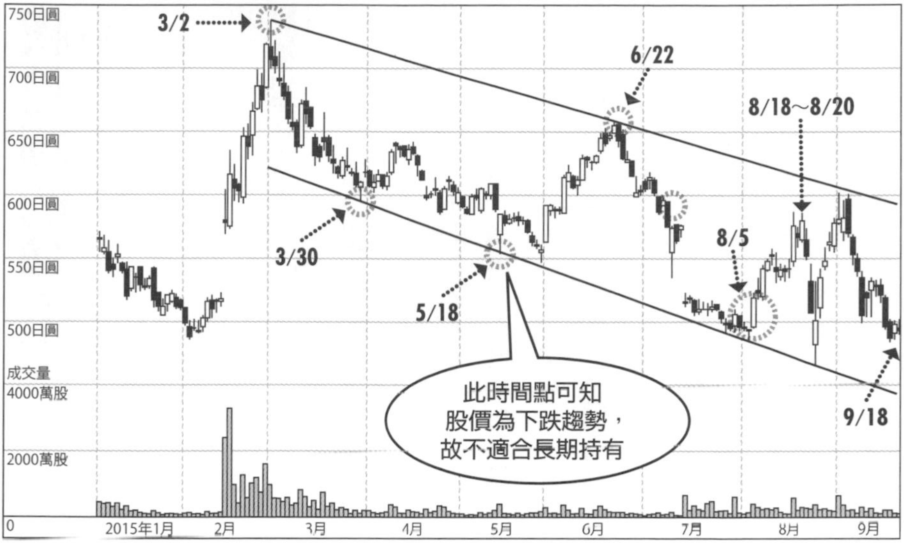

日圓的高點，便會發現抵抗線仍呈現下跌趨勢，且連接3月30日的低點595日圓和5月18日的低點554日圓的話，更可看出支撐線同樣是下跌，故可知股價仍處在下跌趨勢中。至少在這個時間點，並不適合長期持有該股票。

在下跌趨勢中持股很危險

如果不小心在8月5日買進的話，之後的損益狀況會如何呢？

雖然買進後馬上出現回漲，但若沒有在8月18日到20日之間及時脫手，便會受到隨後的暴跌影響，要是又一直持有到圖表右端的9月18日，最後不但完全沒賺到錢，股價還可能繼續下跌。由此可知，長期持有處於下跌趨勢的股票會導致虧損擴大，所以投資股票時一定要注意不能只看股價來買股。

04

趨勢線的類型②「擴大」

高點被抵抗線壓回

如果抵抗線向上移動，但支撐線卻呈現橫盤，或是向下移動的話，該如何判斷股價的趨勢呢？讓我們用Accordia Golf Co., Ltd.（2131）的例子來解說。2015年1月28日來到1213日圓後，股價的走向便一直不穩定，也就是所謂的「整理」狀態，而股價在3月25日到達1245日圓後隨即轉跌，形成兩個高點。由左而右將兩個點連接後，可發現7月23日和8月3日、14日的高點都落在這條抵抗線上。

由兩個高點連接而成的抵抗線除了可視為壓抑股價高點的鍋蓋外，從趨勢分析的觀點來看，由於跟mixi一樣是向右上方移動，故可認為這條抵抗線代表了上升趨勢。

接著來看支撐線。第一波低點為2015年4月1日的1131日圓。第二波低點則為7月9日的1122日圓，故我們可以連接這兩個低點畫出支撐線。注意到了嗎？支撐線的方向是微微偏向右下。支撐線往右下移動，表示這條趨勢線的方向為下跌趨勢。

3-06 Accordia Golf Co., Ltd.（2131）的抵抗線和支撐線

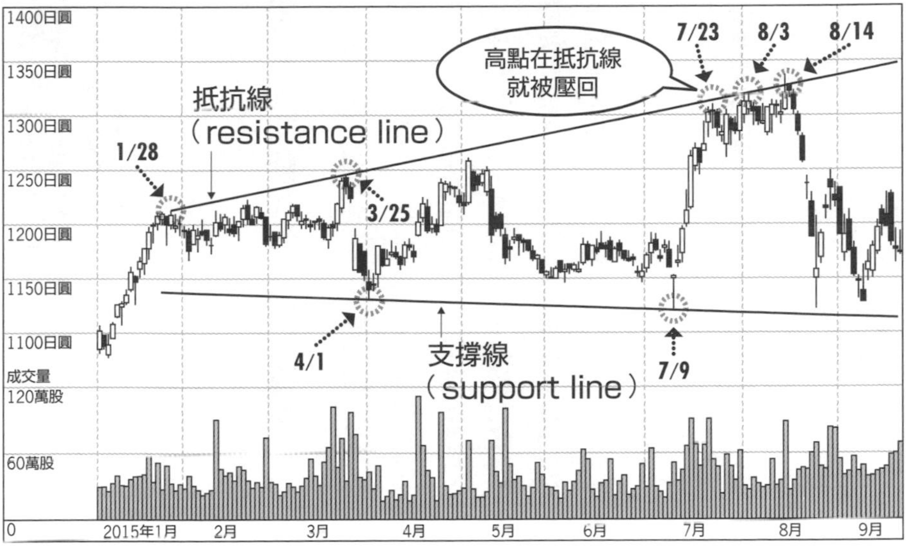

「見跌就買」很危險

分析這兩條趨勢線的方向後，可看出兩條線形成一個喇叭形。這種形狀的股票儘管股價一直突破高點，但低點卻也不斷刷新，並不適合長期持有。因為就算股價頻破新高而認定其為上升趨勢，在低點的7月9日的下個交易日以收盤價1166日圓買進，要是不能在高點到達抵抗線的8月14日前後賣出，便會因為之後的暴跌發生虧損。

如果長期持有頻破高點的同時也不斷刷新低點的股票，抱得時間愈久，便愈容易因賣出時機的不同而造成巨大損失。此外，一旦發生虧損，就需要相當長的時間才能漲回來，平白損失許多時間。對於以長期投資為目標的投資者而言，這種時間性的損失和精神打擊十分巨大，務必要在選股的階段就排除這種趨勢線離散的股票。

05

趨勢線的類型③「交叉」

直到方向明朗前最好避免買賣

接下來我想為各位分析趨勢線交叉的情況。趨勢線交叉的型態，表示低點不斷升高的同時，高點也不斷下跌，所以抵抗線和支撐線會呈現等腰三角形的形狀。

那麼我們來實際看看圖表。所舉的例子為一休（２４５０）的股票。一休是專門提供旅館、飯店、餐廳的查詢和預約服務，屬於偏高價取向的旅遊代訂公司，從圖中可以看到這支股票的趨勢線有兩次交叉。第一個交叉點是由４月13日的高點２７１３日圓與５月21日的高點２５８２日圓連成的抵抗線，和５月７日的低點２２１１日圓與６月９日的低點２３８８日圓連成的支撐線交錯所形成。

股價易在小幅度的波動後發生巨大變化

像這類趨勢線交叉的型態，價格經常在小幅度的波動後，突然急遽向上或向下移動，大大改變持股者的損益狀況。

這是因為第一個趨勢線交叉的型態與第二個趨勢線交叉的型態，兩者的股價變化恰恰相反。

3-07 一休（2450）的趨勢線交叉

第二個交叉形則是由7月2日的2798日圓與7月16日的2780日圓連成的抵抗線，和7月9日的2314日圓與7月31日的2570日圓連成的支撐線包夾而成。在第一個交叉形後，股價上漲形成了高點，但在第二個交叉形後，股價卻暴跌（趨勢發生），突破至7月9日的低點下。

小心股價容易朝脫離趨勢線的方向移動

像這種趨勢線交叉的型態，股價在波動收斂後，十分容易朝第一次向上或向下穿破趨勢線的方向移動，所以在交叉出現或方向明朗前，最好不要貿然買賣。請大家務必牢記本例介紹的「交叉」型態。

06

趨勢線的類型④「橫盤」

雖然難以期待上揚，但依材料仍有大漲的可能

最後要介紹的是兩條趨勢線呈橫盤及接近橫盤的情況。所舉的例子為中京醫藥（4558）的股票。

因2015年3月26日為中京醫藥的股權登記日，故在除權息日買單進來達到310日圓後，股價在隔日的27日便一口氣湧現賣壓，使得股價下跌。不過隨著賣單出盡，股價在3月28日跌至290日圓後，又回升至300日圓左右，然後4月3日再次跌回290日圓。

由於此處已出現兩次低點，可畫出趨勢線。於是我們可連接兩個低點，畫出一條橫向移動的趨勢線，而之後股價直到8月21日為止始終都在290日圓之上推移，故可確定是標準的橫盤。至於抵抗線的部分，也許有人馬上會想到要連接3月31日的300點和4月21日的297點，畫出一條下跌抵抗線。

小幅套利無傷大雅，但不適合大量買賣

然而，當股價維持在290日圓之上推移的同時，我們可以發現6月3日的上揚也停在4月21

3-08 幾近橫盤的中京醫藥（4558）的趨勢線

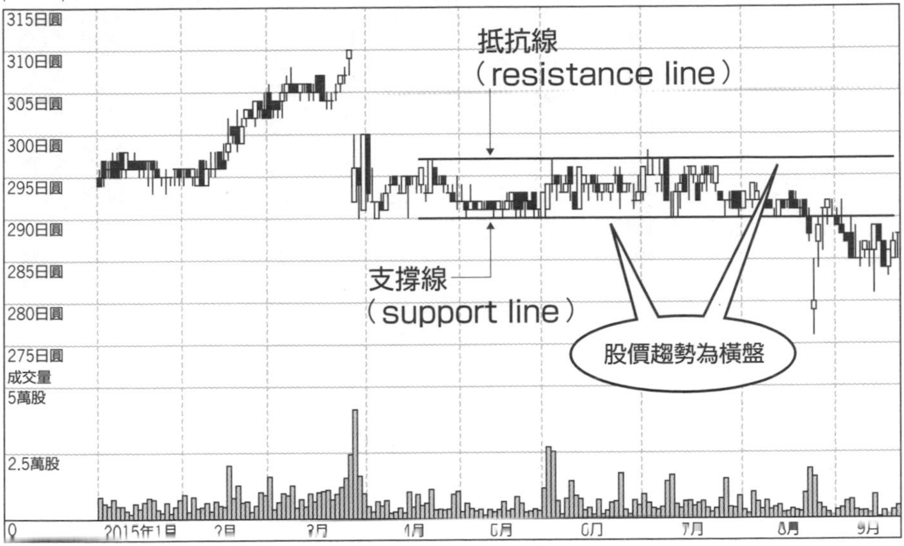

日的高點297日圓。因此，我們就能連接4月21日和6月3日的高點，畫出另一條橫向移動的趨勢線。根據這兩條趨勢線的方向，可判斷股價處於橫盤。此外，雖然也可單純考慮在290日圓買進，並於297日圓賣出，但由於每天的成交股數都不多，因此不宜大量買賣。

雖然視材料也可能出現大漲……

另外，這種橫盤的股票，除非股價移動到抵抗線之上，否則很難期待會上漲。不過，一旦突破抵抗線的話，視材料也可能出現大漲的情況，所以選股時不必一概排除。只是必須要小心若股價反過來跌破支撐線，將可能轉入下跌趨勢。

07

趨勢線的畫法決定型態分析的結果

牢記趨勢線分析的五種型態

前面已提過兩條趨勢線平行上升和下降的型態，以及趨勢線離散和交叉的型態、橫向移動（橫盤）等各種型態。實際上，以上提到的這兩種趨勢線的分析，與第6章將介紹的型態分析有著莫大的關係。

這是因為要分析股票型態的特徵，就必須先畫出趨勢線構成圖形，然後我們才能藉由分析這些圖形來判斷股價目前的狀態，所以在畫趨勢線的時候絕對不能馬虎。

嚴禁擅自發明或畫錯線

尤其需要注意的是，不用客觀的方法，而用自己的想法亂畫趨勢線的話，原本應該向下移動的趨勢線可能因此變成橫向移動，或是把原本由高點和低點連成的線改用收盤價畫，結果無法得到正確的判斷而造成虧損。

此外，如果趨勢線畫得不清不楚，畫的時候心不在焉，也可能因此看不見重要的趨勢發生。所以，請各位一定要好好學會趨勢線的畫法，不僅要會判斷股價趨勢，更要懂得運用在型態分析中！

3-09 趨勢線分析的種類

	組合①	組合②	組合③	組合④	組合⑤
趨勢	上升	下跌	橫向	維持	維持
抵抗線	上升	下跌	橫向	上升	下跌
支撐線	上升	下跌	橫向	下跌	上升
形狀	上升平行線	下跌平行線	橫向平行線	離散	交叉

畫日經平均股價和TOPIX的趨勢線時，最好用實線K線來連接

以下是畫趨勢線時的補充建議。雖然前面說明畫趨勢線時要高點連高點，低點連低點，但各位會發現K線的高點和低點常常是在影線上。因此，抵抗線和支撐線也應該上影線連上影線，下影線連下影線。但在分析日經平均股價和TOPIX等大盤指數時，也應該像個股一樣用影線去連接嗎？

其實用於指數的時候，不用影線，用K線的實線去連接才是正確的。這是因為指數所顯示的價格不是實際成交的價格，而是由指示性價格計算出的價格。請各位務必記住這點。

08

趨勢線的畫法存在正確答案嗎!?

學習預測未來股價的竅門

然而，在已有投資經驗的聰明讀者中，可能不少人會對趨勢線的畫法萌生一些疑問。第一個問題就是實際股價每天都在變化，真的有辦法漂亮地畫出各一條抵抗線和支撐線嗎？第二個問題則是我們是沿著已知的趨勢畫線，所以才能畫出漂亮的線段，但實際上趨勢判斷真有這麼容易嗎？大家可能會有這兩點疑惑。

趨勢線畫幾條都沒關係

第一個問題的答案就在83頁的圖表中。雖然有點誇張地畫了很多條趨勢線，但其實全部的趨勢線都是正確的。只要是在自己能把握的範圍內，不論畫幾條趨勢線、重畫幾次都沒有問題。

接著關於第二個問題，雖然趨勢線是以過去的股價為基準而畫的，但並非只挑結果已經非常明顯的圖表來畫。本書為了方便介紹趨勢線的畫法，所以只解說了幾個趨勢線漂亮的例子，但實際上，有時也會遇到這種可以畫出很多條趨勢線、股價在短時間內不斷變動，難以掌握趨勢的情況。

此外，一如83頁日本火腿的股價圖，遇到這種必須不斷重畫趨勢線的例子，由於股價走向仍不

3-10 日本火腿（2282）的股價日線圖

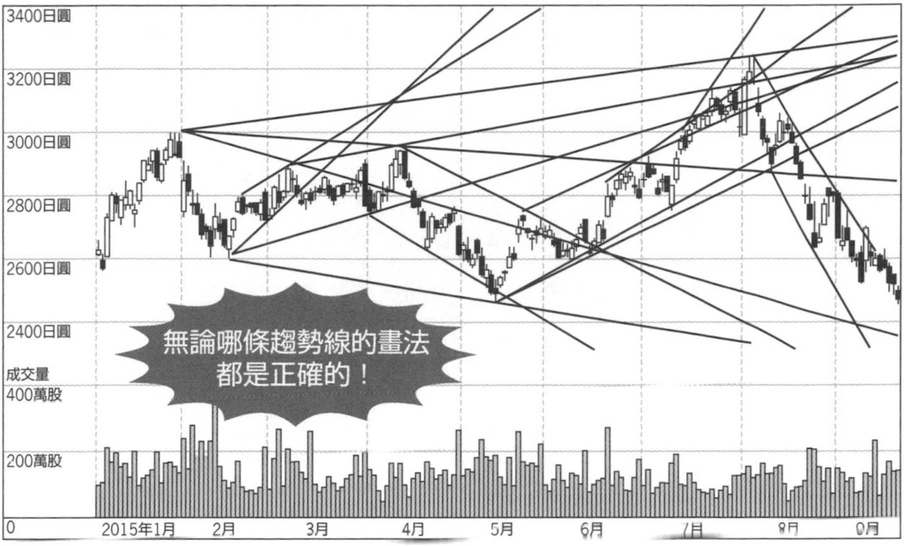

確定，就必須知道自己要盡快進行買賣。換言之，代表這是一支長期持有就必須特別小心的股票。**假如會因為畫了太多條線而不知該怎麼看，那就不要讓趨勢線端點的兩個高低點距離太近。**兩個高低點的時間愈近，就愈容易需要重新畫趨勢線。

將趨勢線延長到未來的時間便可預想股價的上限和下限

那麼多長的時間間隔才算適當呢？這點並沒有統一的答案。我認為不論時間多短，重要的是當大幅度的價格波動出現時，不要選擇無視，要活用那個波的高點或低點畫出新的趨勢線。

然後更重要的是，就像83頁圖表中由2月17日和5月15日的低點連接而成的支撐線（下跌趨勢線）一樣，要把線一直延長出去。畫趨勢線時最重要的，其實就是延長線段的動作。雖然之後還會進一步解說箇中的理由——這是因為藉由將趨勢線延長到未來的時間點，假如股價持續上升、接近抵抗線的時候，我們就能判斷大概會上升到什麼程度，或是當股價下跌至支撐線時，也知道大概會在什麼地方彈回，可以預知未來的股價。假如股價在支撐線上彈回，那麼剛才的第二個問題，如何藉由替已知趨勢畫線來進行趨勢判斷，也就迎刃而解了。

那麼，我們再來看一次為了預測未來動向，重新畫過趨勢線的日本火腿的股價圖。請參照85頁的圖表。重新畫過後就像這個樣子。首先，為了可以觀察未來股價的變化，我們拉長了圖表右端的空間。此外，我們只留下最外圍的大趨勢，以及最接近現在的兩條趨勢線。像這樣消去其他的趨勢線後，大家是不是也能預測股價接下來會產生什麼變化了呢？

假如股價無法突破抵抗線，持續下跌的話，可以預想大概會落至由2月17日與5月15日的低點連成的支撐線上。不僅如此，我們還能預測另一件事。就是可能彈回的時間點和價格。可能彈回的價格，應會落在由2月17日與5月15日的低點連成的支撐線，和由8月4日與9月1日的高點連成的下跌抵抗線的交叉處——2220日圓前後。此外，關於到達低點的時間，計算9月18日至支撐線與抵抗線交會所需的日數，如果下跌趨勢不變的話，雖然也會受到跌幅的影響，但應該會落在10月20日左右。

就算偏離預測也能修正

以上就是用趨勢線預測未來股價的方法。一般來說，就像大家會有開頭提到的第二個問題一樣，雖然對於過去趨勢的事後分析令人矚目，但趨勢分析中最重要的是要不斷提升自己的等級，在假定目前的趨勢會延續到未來的狀況下，自己是否有能力預測股價的起落。如此一來，便能夠做到以現在的趨勢去預測未來的股價。

3-11 使用趨勢線預測出的日本火腿（2282）的股價

另一方面，假如股價突破抵抗線的話，又該怎麼辦呢？答案很簡單。只要再畫一次，連接5月15日的低點和彈回時的價格就行了。如果重畫後的趨勢線仍繼續下跌，便可知道下跌的深度將會變淺，等到之後上漲停止、股價下跌，一樣能推斷股價應會落到新畫成的支撐線上，直到轉至上升趨勢線前，最好避免買進。以上介紹的是屬於中、高級的趨勢線應用法，想要更上一層樓的讀者務必自己練習看看。

09

修正趨勢線時也要注意角度

不只能分析趨勢，還能知道股價的力道

在82頁中，我們說明了趨勢線無論重畫幾次都沒關係，接下來關於趨勢線的修正，我想再為各位介紹一些可以從趨勢線的修正推知更多事的應用例子。

我們已經知道趨勢線可以表現股價的走向，但我想請各位試著從別的角度想想看股價走向的意義。換句話說，也就是確認趨勢線的角度。

舉例來說，之前在討論如何觀察趨勢線的方向時，我們曾說過可以在心中想像一個量角器，請各位現在試著再想像一次。使用量角器，我們可以得知趨勢線的角度，而這個角度就代表了股價的狀態。

然後，在0度到90度的角度中，以15度角傾斜的支撐線和呈現30度角的支撐線，各位覺得它們一樣嗎？有沒有什麼不同呢？沒錯，趨勢線的角度愈大，股價的上升幅度就愈急，代表該股票的升值力道愈強。

|3-12| 從趨勢線的角度可看出股價上升的力道

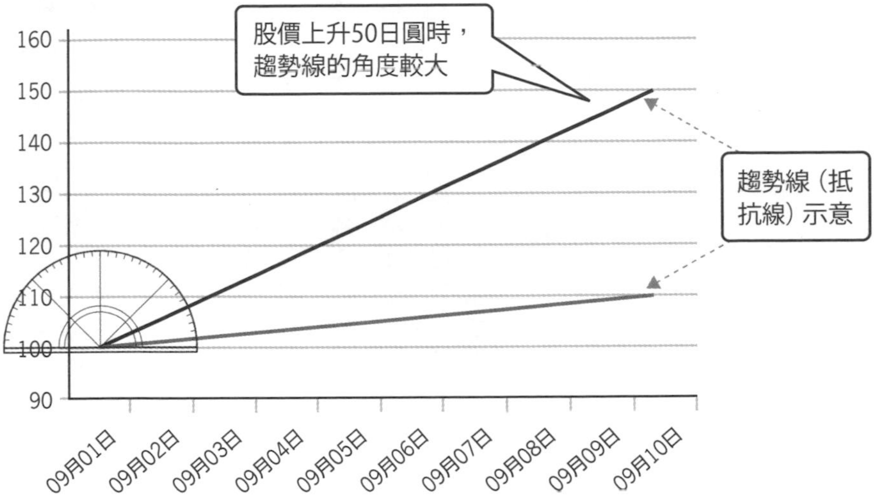

角度愈陡，愈有力道

一般而言，如果股價在漲跌的過程中，高點和低點都同時上升，就代表該股票處於上升趨勢，而這時低點和高點的上升角度愈陡，代表股價的升值力道愈強。因此在修正趨勢線的時候，除了分析股價的趨勢外，也要計算趨勢的力道。

用量角器想像角度

讓我們用實際的數字來看看，趨勢線的角度較大時的狀態。

舉例來說，請各位想像一支100點的股票，股價在10天內上升10日圓和上升50日圓時的趨勢線（抵抗線）。首先連接起點100日圓和10天後110日圓的點。接著再連接100日圓和150日圓的點。這兩條抵抗線在同樣的時間內，上升50日圓的情況比上升10日圓的情況更有力道，趨勢線的角度也愈大。

10

解讀趨勢線的角度①由「緩」至「急」

藉由確認趨勢線的修正情況，我們可得知股價的上升力道有無變強或變弱，然後據此進行買賣判斷。接著讓我們來看看朝日工業社（1975）的股價圖。請各位觀察圖表中的兩條趨勢線。這兩條趨勢線都是由低點和低點連成的支撐線，從圖表可看出這條支撐線曾修正過一次。此外，兩條趨勢線中，第二條的角度比第一條更大，而股價也沿著角度修正後的支撐線向上攀升。

朝日工業社的股價低點為2015年2月3日的398日圓。只要看看圖表，這點應該沒有人有異議。因此，我們可用這個低點作為支撐線的起點。至於和398日圓連接的下一個點，因為K線是由左向右增加，故應是2月5日的低點。而由於1月21日和27日的高點為同樣價格，抵抗線呈現橫盤，因此股價如果沒有跌破這兩個低點連成的支撐線，便有可能突破這條抵抗線。

此後，股價一如預想地突破抵抗線上揚，使得趨勢改變，故重新修正了支撐線。而我們要修正的，就是從2月5日的低點改為2月13日的低點411日圓。之所以採用2月13日的低點，是因為它是股價突破抵抗線的下個交易日的低點。

基於以上理由，我們可以重畫支撐線，得到一條位置更上面的上升趨勢線。比起第一條的上升趨勢線，第二條的角度更大，股價的上揚力道也更強。就像這樣，當股價突破抵抗線後，若修正後的趨勢線角度變得比原本更大，就表示股價的上升力道比原本更強，可以繼續持有、增加獲利，直

3-13 朝日工業社（1975）的股價日線圖

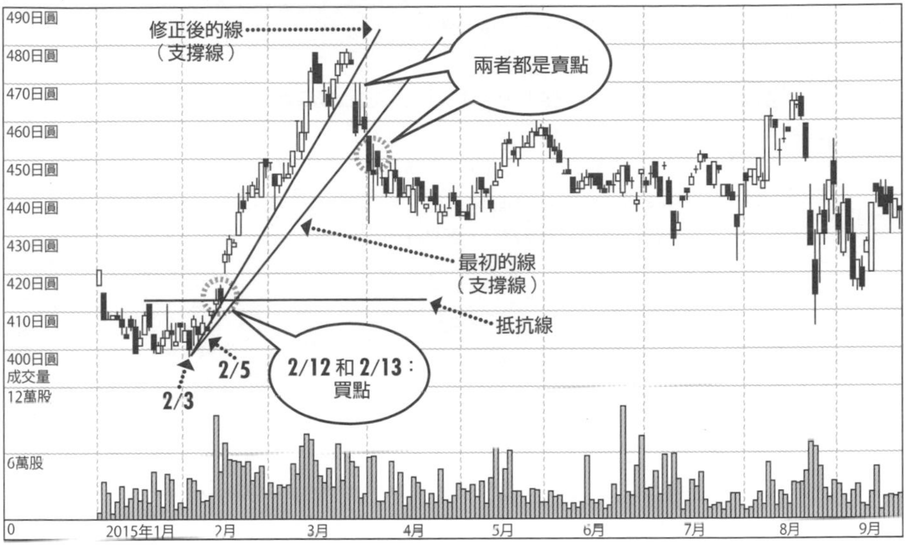

到支撐線被突破為止。

尋找上升趨勢的買進時機

大家常常不知道究竟何時才是買進的時機，但只要畫出趨勢線，排除會干擾判斷的每日波動，便會發現股價其實不外乎上漲、下跌，以及橫盤三種價格變化。而我們只需要在這些變化中，找出上升趨勢的股票買進就行了。

根據趨勢線顯示的最佳買點，以這支股票而言，就在收盤價突破抵抗線的2月12日或13日。有能力在交易時間內買股的人，可以在12日當天交易停止前買進；而沒有時間的人，可在確定股價突破抵抗線後，於隔天的13日買進。當然，除了這兩天外，也可在看到後續的上漲情況後買進，但實際上在變動的市場中即時交易時，甘冒風險也不放過機會，才是主流的買股方法。

至於賣出的時機，雖然剛剛說過應續抱至股價跌破支撐線，但可能有些人會疑惑，圖表的兩條趨勢線中，應該在跌破一開始的趨勢線，還是

| 3-14 | 買賣的思考方式和時機 |

角度	「緩」→「角度上升」＝力道增強
買賣的思考方式	・代表將急漲，應及早進場布局 ・另一方面，依情況也可能暴跌，須注意不要錯過賣點
買點	・若股價突破橫盤的抵抗線則買進 ・若股價維持在修正後的支撐線上則續抱
賣點	・若股價跌破修正後的支撐線則賣出（在3月27日賣壓開始出現時賣出） 【理由】3月27日為除權日，賣壓轉為優勢，同時跌破支撐線

跌破第二條趨勢線時賣出？

看看之後的股價動向，就結果而言，在股價跌破第二條支撐線時賣出，獲利似乎比較大，然而此處我們不應從結果，而是應該依循理論來判斷。這是因為依照股價波動的特徵，通常漲速愈快的股票，勢頭終止後暴跌的風險也愈高。

短期急漲的情況，代表投資人的買進時機也相對集中，如果上漲是因暫時性的因素造成，投資者也可能會較快脫手了結獲利，一定要注意。尤其是平時交易量不高的股票突然成交量大增時，一旦股價回穩後，便可能因為獲利了結而產生強大的賣壓。此外，日成交量較少的東証一、二部，以及新興市場的股票和可信用交易的股票，股價都很容易往單一方向移動，必須注意。

11 解讀趨勢線的角度② 由「急」至「緩」

停止成長的可能性高，故及早了結獲利為上

本節將繼續介紹趨勢線角度由急至緩的型態。

前面曾說過，若是趨勢線修正後角度變大的情況，重點在於不要錯失反彈上漲的賣出時機，而修正後角度變小的情形，代表股價的變動幅度比以大角度推移時更小。這意味著上升趨勢中出現的凹陷（股價回檔）會稍微變得更深（停止下跌的水位變低）。因此，雖然處在上升趨勢中，但仍需要小心股價的高點變低，視情況甚至可能轉入下跌趨勢。

最初畫的支撐線變成壓制高點的抵抗線

那麼接下來我們來看看太平電業（1968）的股價圖。2015年3月來到800點後，股價便一直在3月24日與31日的高點連成的下跌抵抗線，和3月9日與3月30日的低點連成的支撐線間推移。然而進入4月，股價於8日向上突破抵抗線後，便強勁地一路上漲。由於抵抗線被突破，可認定為新的趨勢產生，故需要重畫支撐線，我們以4月2日的低點826日圓為起點，連接5月8日的低點977日圓，畫出新的支撐線。

3-15｜太平電業（1968）的股價日線圖

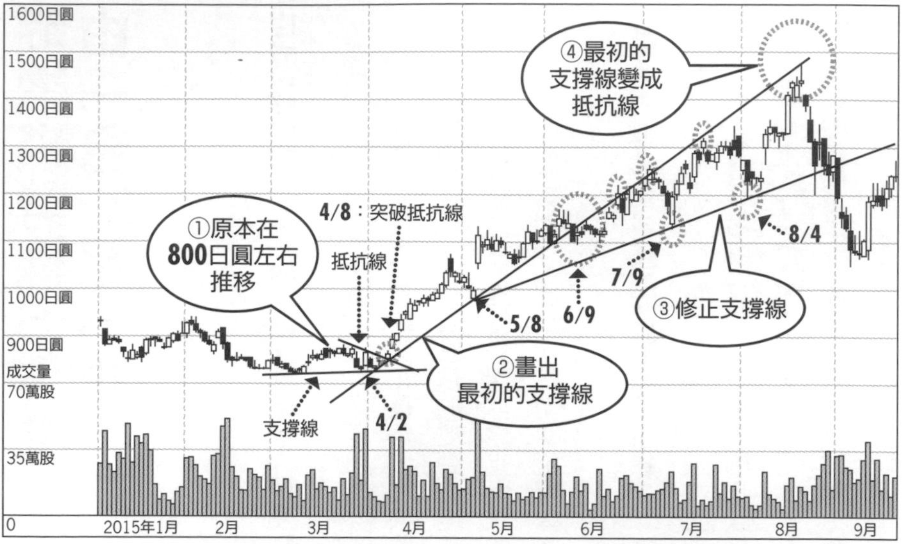

此後直到6月上旬，股價一直在重畫後的支撐線上方推移，但自6月9日股價首次跌破支撐線後，升值力道便開始減弱，高點成長的速度也愈來愈慢。同時，由於9日跌破了支撐線，此前上升趨勢的角度也被破壞，必須重畫趨勢線（支撐線），這時我們可以找到幾個點，連接跌幅較大的7月9日的低點1129日圓，畫出新的趨勢線。

修正後，我們可以看到8月4日的下跌剛好落在支撐線上。像這種支撐線被跌破的情況，絕不能想著股價應該還會回漲而放著不管，必須修正支撐線尋找新的下跌底線。而在修正的過程中，大家有沒有發現一個有趣的現象呢？沒錯，一開始的支撐線，剛好是修正後的抵抗線。閱讀本書後才第一次接觸趨勢線的讀者可能會覺得有點不可思議，但在修正趨勢線時，若有留下之前的趨勢線，其實常常會遇到這個現象。雖然至今我們仍不清楚這種現象發生的原因，但不僅是上升趨勢，當支撐線向下修正，股價在新的支撐線上止跌反彈時，之前被跌破的支撐線常常會變成新的抵抗線，壓抑股價上升。

股市中有句格言叫「昨天的高點是今天的低點」，以及與之相反的「昨天的低點是今天的高點」。這兩句話正好吻合本節所介紹的，當高點突破抵抗線產生新趨勢時，被突破前的高點會變成新趨勢的支撐線；而原本作為支撐的低點被跌破後，該低點會反過來變成新趨勢的抵抗線。以上介紹的，就是這種趨勢線反轉的現象。

不可安於上升趨勢，優先進行獲利了結

那麼接下來讓我們依照時序來思考買點和賣點。雖然3月9日跌至低點後看來都是適合的買點，但因4月9日股價一口氣漲破下跌抵抗線，代表新的趨勢發生，故此處可算是第一個買點。

至於獲利了結的時間，差不多應在6月9日跌破支撐線的時候。

至於下一個買進的時機，從趨勢線分析的角度來看，直到可判斷下一個反彈點的新趨勢線明朗前，都應該繼續觀望，不過7月9日的低點反彈，看起來像是一個買點。

假設在7月9日的反彈處買進，那麼下一個賣出的時機，應該是在股價到達修正前的支撐線前後的價格帶。假如我們推測這條趨勢線會轉為抵抗線，除了必須以抵抗線上的價格設定賣出的目標價，另一方面也必須隨時注意股價是否漲到抵抗線前就被壓回，及時賣出了結獲利。

接下來，我想再聊聊另一個有趣的點。也就是8月20日的高點和最初畫出的趨勢線的關係。雖然可能有點事後諸葛，但如同本節介紹的例子，從股價跌破最初的支撐線，使上揚角度趨緩後，便可以預想支撐線會轉變成抵抗線，所以當股價接近最初的趨勢線時，其實就應該進行獲利了結了。這是因為趨勢線的角度正逐漸變緩，可以預見股價還會繼續跌破修正後的趨勢線。而證據就是股價

3-16 買賣的思考方式和時機

角度	「大角度」→「趨緩」＝力道變弱
買賣的思考方式	・因可預想成長將停滯，故應優先進行獲利了結 ・逢低買進前應先修正趨勢線確認股價水準
買點	・若股價突破橫盤的抵抗線則買進 ・若股價在修正後的支撐線上反彈則買進
賣點	・當股價跌破最初的支撐線時則賣出（6月9日跌破支撐線時） ・當股價跌破修正後的支撐線時也必須停損或了結獲利 【理由】因支撐線被跌破，上升角度正在趨緩，就算判斷股價仍處於上升趨勢，也應該先暫時賣出，確認下跌停止的價格

在8月20日到達高點後，雖然一度停在修正後的支撐線上，但後來還是再次跌破了修正後的趨勢線，繼續往下探。由這種狀況來看，當上升角度開始趨緩的時候，絕不能因為股價仍在上升趨勢而安心，應優先進行獲利了結。

12 使用趨勢線判斷股價趨勢和買賣時機

把趨勢線延長到未來才是最佳用法！

本節將總結關於趨勢線的內容。首先是趨勢的判斷，當抵抗線和支撐線同時向右上方移動時，代表股價的高點和低點都在攀高，故可判斷股價趨勢將持續上升。而對於目標是買進持有（不是短期買賣，而是靠長期持有來獲利的類型）的投資者來說，一定要確保自己買到的是上升趨勢持續的股票。

另一方面，如果股票的抵抗線向下、支撐線也向下，便可判斷股價處於下跌趨勢。雖然有些投資者會想趁便宜時買進，但由於股價正在下跌，可以預見就算持有也只會一直跌價，因此在股價恢復橫盤或上升趨勢前都不宜進場。

除此之外，如果抵抗線和支撐線都接近橫向移動，則表示股價的趨勢為橫盤，處於橫盤趨勢的股票也不適合中長期持有。此外，若遇到支撐線向上移動、抵抗線卻向下移動，使兩條趨勢線發生交叉這種趨勢不明的情況，則宜等到上升或下跌趨勢產生後，再進行買賣判斷。

關於使用趨勢線進行買賣判斷方面，只要支撐線和抵抗線同時向上就表示是上升趨勢，基本上應該買進。而買進的時機則是股價在支撐線上反彈的時候。至於賣出的時機，則是股價上揚至抵抗線的位置時。只不過在上升趨勢持續期間，由於股價會一面波動一面上揚，故對以買進持有為目標的投資者而言，不一定硬要在股價觸及抵抗線時賣掉。

趨勢線修正時要注意

在這種情況之下，就算遇到上升趨勢也有幾點一定要特別注意，各位還記得嗎？那就是趨勢線的修正。

第一點是上升角度變陡時。當角度增加的趨勢線（即新的趨勢線）無法維持時，就會產生與原本上升力道相應的反作用力，所以一定要在股價跌破修正後的趨勢線時賣出。

第二點是趨勢線修正後，角度變緩的情況。當角度變緩時，由於股價落至一開始畫出的趨勢線之下，代表上升力道減弱，必須優先進行獲利了結。此外當修正後的趨勢線也被跌破時，股票下跌的可能性會大幅增加，一定要優先進行獲利了結，或是認賠賣出。

另一方面，趨勢線向下的股票，基本上不宜列入買進或長期持有的清單，不論這支股票的業績表現多好，都最好不要買進。

中、高級者可運用信用交易

除此之外，我也想稍微談談適合中、高級者，關於融資券買賣的時機。初學者中或許有人認為融資券等利用資金槓桿的買賣與自己沒有關係，但其實並非如此。個股中屬於可融券的股票，由於可以借別人的股票來賣出，因此就算是平常只進行現股交易的人，如果手上持有可融券的股票，也能進行融券買賣。

3-17 大豐建設（1822）的股價日線圖

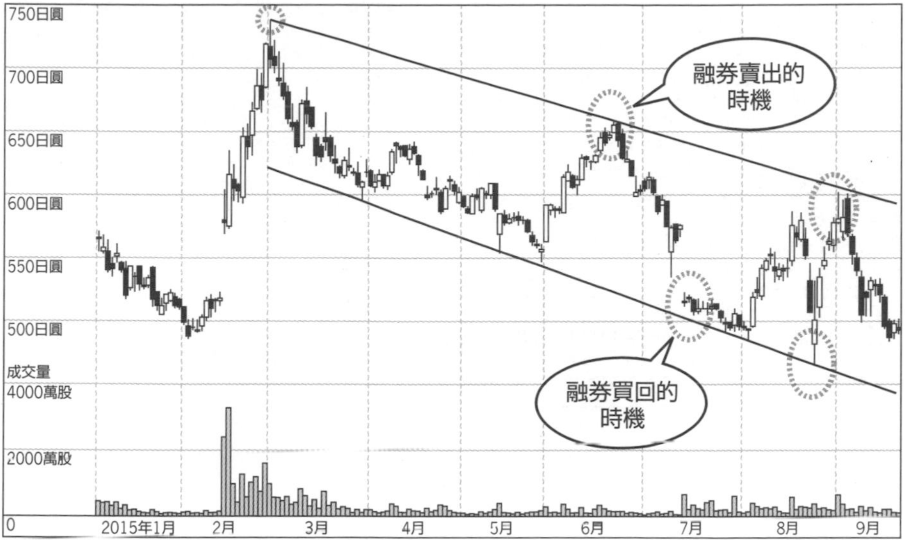

像前述那種即使公司業績很好也可賣出的例子，有些投資者會考慮在當前趨勢下跌時，借券進行賣出。此外，即使現在的整體業績佳，但預期未來可能惡化，或是與出口相關，預期將因日圓上漲而導致業績惡化的股票，也常常是融券買賣的對象。因此想運用信用交易，在預見股價將下跌時賣出的投資者，應尋找下跌趨勢的股票，趁股價接近下跌抵抗線而停止上漲或是回跌時賣出。

此外，關於買回的時機，則是在股價接近下跌支撐線，或是反彈的時候為佳。97頁的上方是大豐建設的股價圖，其中抵抗線上的圓圈表示融券賣出的時機，而支撐線上的圓圈則是買回的時機。在日本經濟低迷的時期尋找業績可能爆發的股票，對於投資者而言雖然也是一種樂趣，但與此相反的是，當市場上大多是業績惡化、形成下跌趨勢的股票時，如果想活用融券賣出並藉此獲利，以上方法或許能幫到各位，請有興趣的人可以挑戰看看。

3-18 趨勢線的優點與缺點

優點	・可看出趨勢 ・看出趨勢後可進行買賣判斷 ・延長趨勢線，可預測股價何時上升到哪裡、下跌到哪裡
缺點	・需要花時間熟悉趨勢線的畫法 ・可能會看漏修正趨勢線的時機 ・股價向上突破趨勢線後可能會下跌 ・股價向下跌破趨勢線後可能會反彈

看出下跌趨勢和信用交易的買賣時機

何謂下跌趨勢？	抵抗線、支撐線同步向下
賣出的時機	股價被下跌抵抗線壓回時賣出
買回的時機	股價在下跌支撐線反彈時買回

延長趨勢線的優點

接下來是趨勢線橫向移動的情況。跟上升趨勢時一樣，除了應於股價在支撐線反彈時買進外，同時要在上升至抵抗線時賣出。除此之外，還可於突破抵抗線、上升趨勢發生後買進，並在跌破支撐線時賣出。

最後，也是最需要記住的，就是要將趨勢線延伸到圖表右端。這麼做便能推測價格是否有上升至某個水位的可能性，或是預測下跌的可能性。如果只是單純延續目前的趨勢時，便能大致掌握何時會上升至哪裡，又會下跌至哪裡，可使原本靠直覺的買賣判斷更加客觀。

13

記住移動平均線的基本計算方法

移動平均線的種類依計算週期而異

那麼接下來將解說移動平均線。移動平均線也跟趨勢線一樣，是用來判斷股價趨勢的分析工具，但也有許多跟趨勢線不同的地方。

例如，趨勢線是以線段的方向判別股價的走勢，但移動平均線卻不是一條直線。另外，趨勢線是由股價的兩個高點或兩個低點相連而成，而移動平均線則一如其名，是用一定期間內的平均收盤價畫成的曲線來判斷趨勢。

此外，趨勢線一旦畫出後，除非股價向上或向下其中一方突破，否則不會變化，且直到新的趨勢線畫出前，趨勢的判斷都不會改變。但移動平均線卻是一邊變動一邊算出平均價格，故移動平均線的值每天都在變化，除了可以看出趨勢線判讀不出來的細微趨勢變化，也能找出支撐和壓回的時間點與買賣時機，這些都是移動平均線的特徵。

日線、週線、月線各自常用的週期

大致解釋過什麼是移動平均線之後，接著讓我們來看看實際的圖表。所舉的例子為三菱電機的

3-19 日線圖常用的移動平均線（5日、25日、75日）

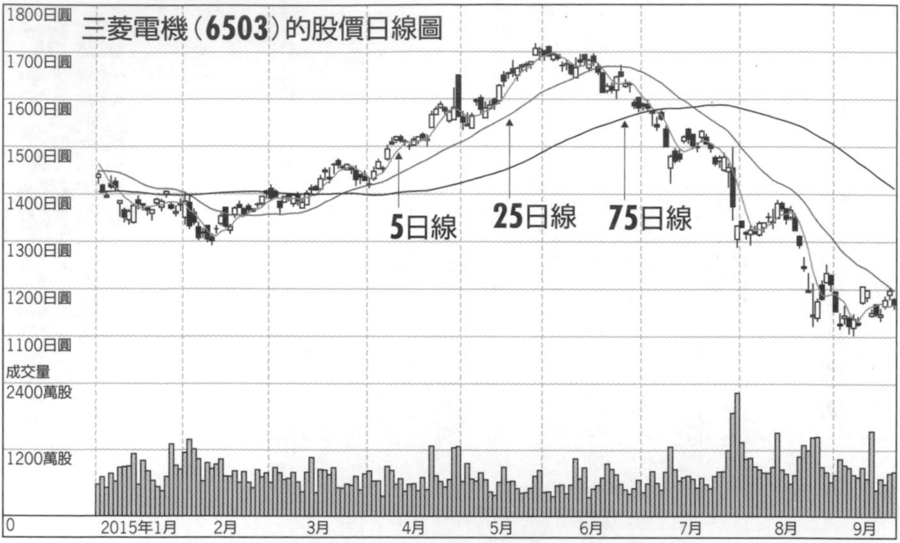

股票。

首先是移動平均線的種類。移動平均線沒有什麼特殊的種類，只有依照計算的週期分類。計算移動平均線的時間一般是以可進行交易的日數為單位，例如我們日常生活的循環單位，一週（5日）、一個月（25日）、一季（75日）、一年（200日）等是最常使用的單位。其他還有用以表示週一的開盤價至週五為止的高點、低點、收盤價的週均線，和表示從每月1日的開盤價至30日或31日為止的高點、低點、收盤價的月均線；週均線常以13週、26週、52週為單位，月均線則以6個月、9個月、12個月、24個月、36個月、60個月等為單位。那麼接下來讓我們看看下一頁的日均、週均和月均的移動平均線。

補充一下，移動平均線的計算公式為（N日間的收盤價總值）÷（N日）＝（N日移動平均線）。

3-20｜週線圖常用的移動平均線（13 週、26 週、52 週）

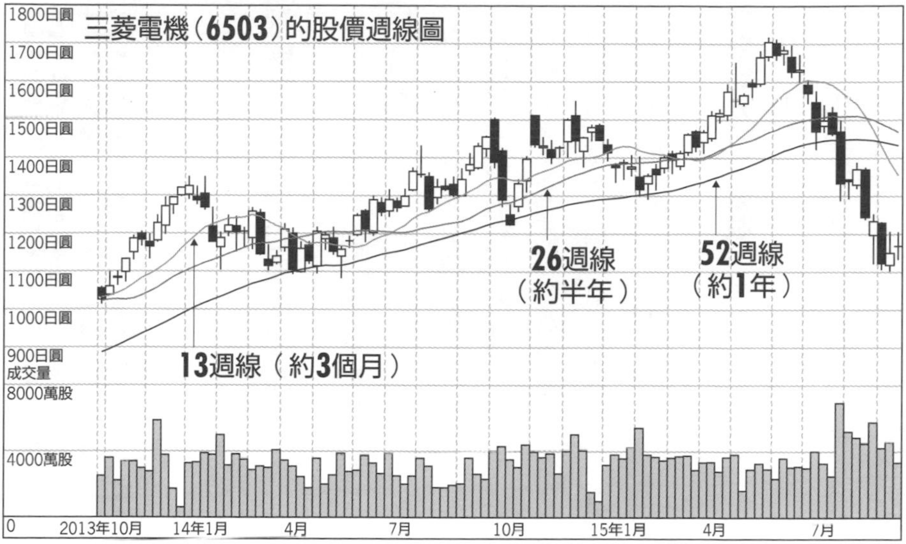

3-21｜月線圖常用的移動平均線（12 個月、24 個月、60 個月）

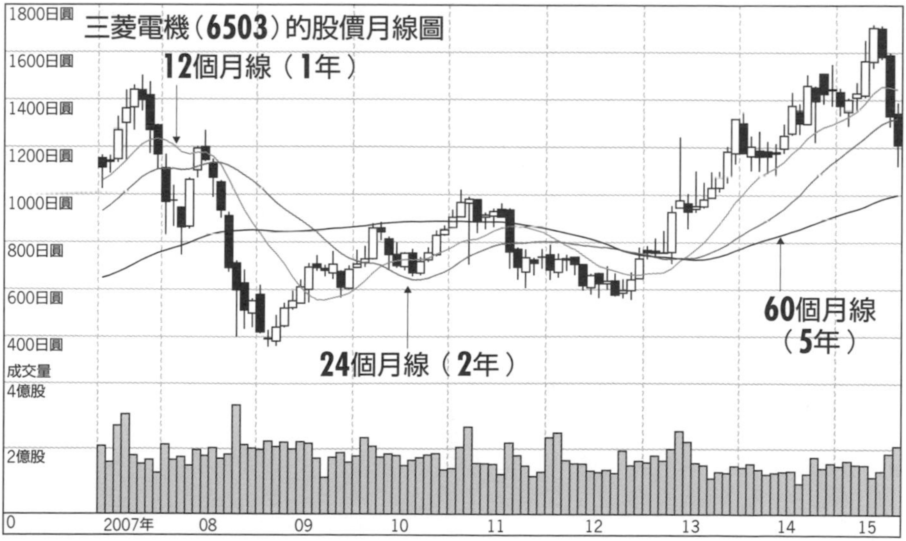

14

日線、週線、月線三種移動平均線的共同特徵

注意移動平均線的順序和方向

看過前頁各種不同週期的移動平均線，比照股價和各週期移動平均線的位置後，我們可以看出一個共通點。

那就是當股價處於高值時，即使循環單位（日均、週均、月均）不同，但一定都是K線在最上方，然後依序由週期較短的線排下來。

舉例來說，讓我們一起來看看100～101頁三菱電機的K線和移動平均線的位置。日線、週線、月線，無論哪種循環，當股價處於最高點時，一定都是週期短的移動平均線在上面。根據此一現象，我們可以找出股價上升時的幾個法則。

有助趨勢分析的訊號

首先第一個共通點是，剛才介紹過的股價和移動平均線的順序。只要記住這個股價和移動平均線順序的法則，就可以讀出上升趨勢開始的時間點和可能崩盤的時間點，所以一定要學會。此外，如果是K線位在最下方的話，跟股價上漲時相反，會出現K線在

3-22 AEON MALL（8905）的股價日線圖和移動平均線

最下方，然後由週期短的移動平均線依序向上排列。上圖為AEON MALL的日線圖，由圖中可看出移動平均線8月之後的移動方式，跟上漲時完全相反。當股價像這樣持續下跌時，移動平均線的順序也可成為判斷趨勢的重要依據，請務必記住。

第二個共通點是各移動平均線的方向。當股價上升時，各移動平均線也會跟著向上；當股價下跌時，各移動平均線也會跟著向下。這也是用移動平均線分析趨勢時的重點之一。

請各位看看104頁的圖表中，處於下跌趨勢時移動平均線和K線的推移狀況。週線圖和月線圖內框起來的部分，與本頁的日線圖是相同期間。由兩頁的圖表可知，當股價跌破移動平均線時，持有股票會使虧損擴大。

3-23 AEON MALL（8905）的股價週線圖和移動平均線

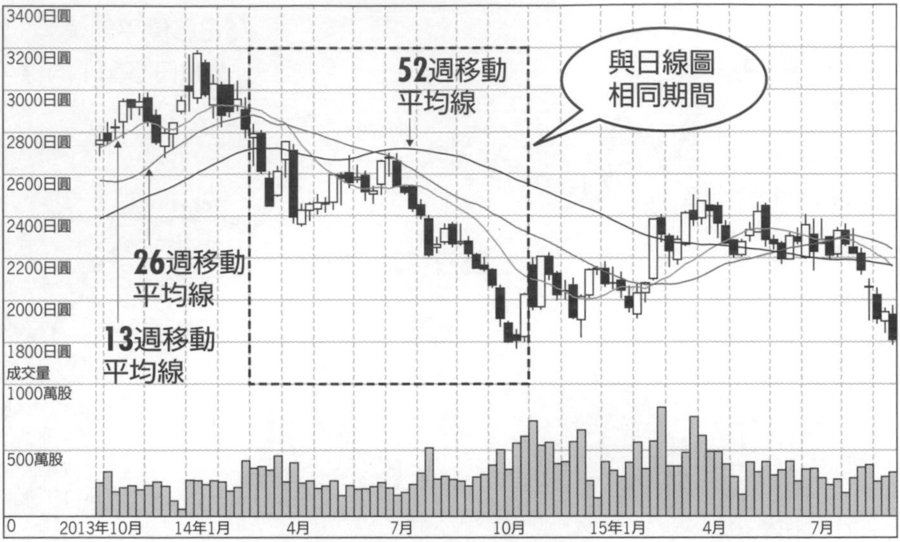

3-24 AEON MALL（8905）的股價月線圖和移動平均線

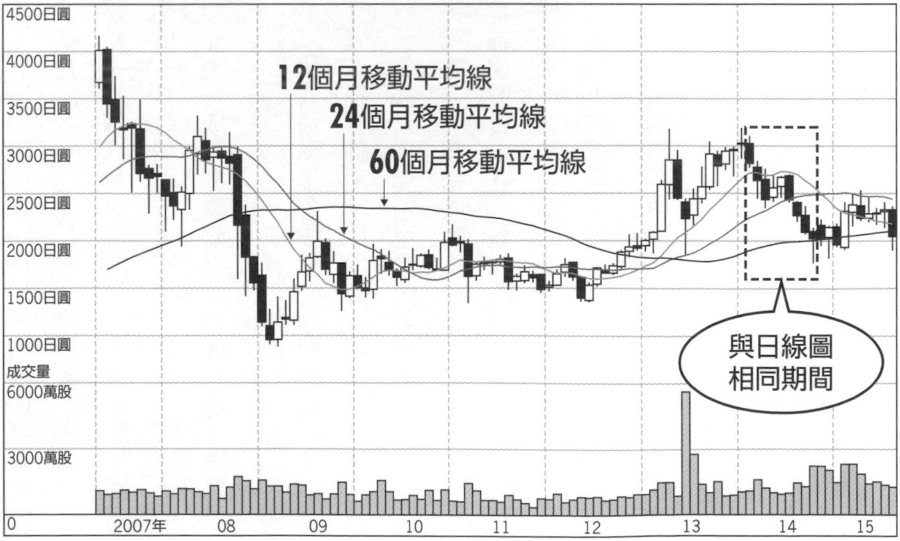

15 使用移動平均線進行分析的優點

不被每天的價格波動左右，擁有長期的視野

本節將介紹移動平均線的優點。移動平均線為各期間收盤價的平均值，是由每天的價格變動所形成。因此，以5日均線而言，就算該日的股價比前日上漲100點，但因為平均分成5日，故相當於一天只上升20點，當天升值100點的影響將減為五分之一。下跌時也是同樣的道理，就算一次下跌100點，對移動平均線的衝擊也會減弱為五分之一。因此每天的價格波動會被均緩，不需要忽憂忽喜。同時就算見到股價在一天內大幅上升或下跌，因為對移動平均線的衝擊較小，只要移動平均線的方向沒有改變，就代表趨勢沒有發生變化。

有時光靠趨勢線不易判斷買賣時機

那麼，接著我們來看看YAMADA SXL HOME（1919）的股價圖。首先從沒有移動平均線的圖表開始。這支股票的股價很便宜，也就是所謂的低價股。對低價股而言，就算是數日圓的變動對股價也是極大的衝擊，但這波動會否構成足以改變移動平均線方向的衝擊呢？為了解說這點，本節刻意挑選低價股作為範例。

3-25 YAMADA SXL HOME（1919）的股價日線圖（無移動平均線）

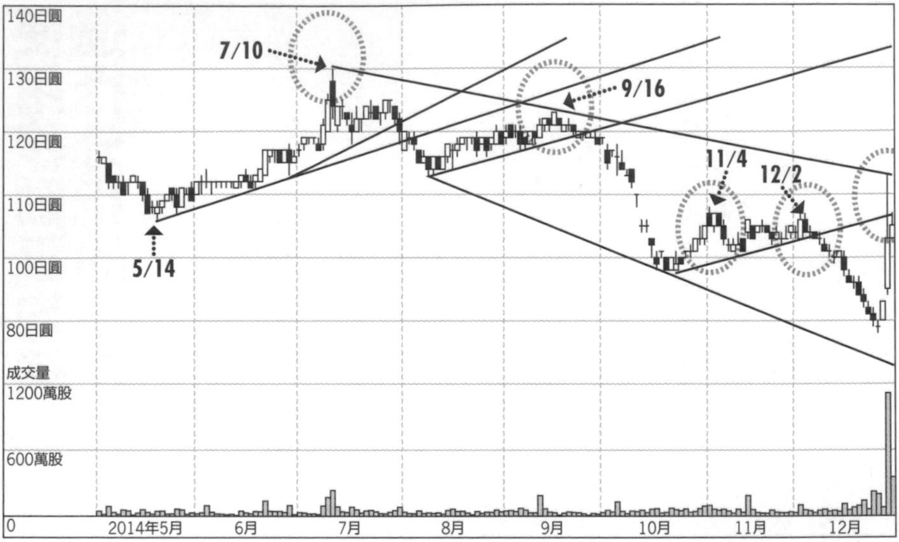

由106頁的圖表可見，股價在2014年5月14日到達低點106日圓後，便開始緩緩上升。像這種股價持續徐徐反彈的情況，如果像圖中所示畫出趨勢線，便可判讀出股價的走向，而照常理應在跌破支撐線時賣出。然而，直到7月10日和9月16日的高點形成前，並不容易判斷賣出的時機。此外，在11月4日和12月2日的高點附近，直到能畫出抵抗線為止，同樣很難判斷何時該賣。遇到這種狀況時，大家會怎麼辦呢？

把握長期趨勢

不過，如果加上本節介紹的移動平均線，答案就非常明瞭了。請各位看看107頁加上移動平均線後的圖表。請各位注意剛才說過最適合賣出的7月10日和9月16日那兩天的K線和移動平均線。此處的重點是，雖然可用趨勢線讀出上升趨勢，但一看移動平均線（此處用的是200日線）卻仍是向下，在5月21日（106日圓）到7月10日（130日圓）之間，儘管股價上升了

3-26 YAMADA SXL HOME（1919）的股價日線圖（有移動平均線）

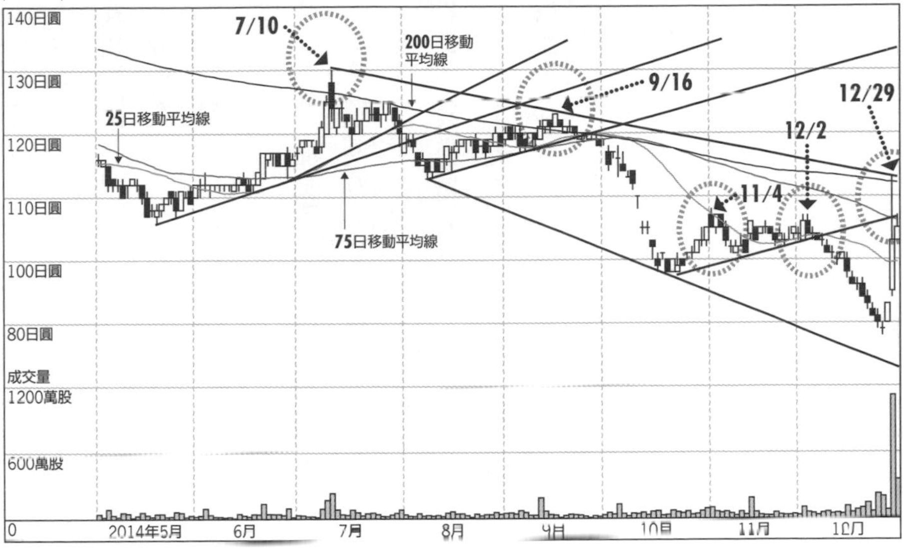

24日圓，將近22%的幅度，但200日均線的方向卻沒有改變。因此，雖然趨勢線顯示為上升趨勢，但如果按照常理等到股價跌破支撐線時才賣出，便會錯過7月10日的賣點。

另一方面，由於200日均線向下推移，故7月10日的回跌也變得可以理解。因為200日均線向下時，就跟趨勢線一樣，可視為股價被下跌抵抗線壓回。如同以上所述，移動平均線的優點除了跟趨勢線一樣可捕捉股價的走向外，亦有助於買賣判斷。此外，相較於趨勢線可用來觀察股價的短期趨勢，移動平均線則可看出較長期的趨勢，對買賣判斷十分有用。

可看見趨勢線不易發現的點

接著我們再回來看看9月16日和11月4日、12月2日時，移動平均線和K線的關係。9月16日時支撐線雖然呈現上升，但跟7月10日一樣，200日均線仍然向下推移，故股價並未繼續上揚，且股價又在11月4日被下跌中的25日均線壓回。因此雖然支撐線向上，但因為股價天頂仍有壓力，所以還是需要考慮進行獲利了結。至於12月2日的情況，雖然K線一度突破25日均線，但隨後又移動到橫向移動的25日均線和支撐線下方，故下跌趨勢已十分明顯。

最後是12月25日跌至低點88日圓後的反彈。股價在此於12月26日反彈，29日成交量和股價都大幅上升。看到這種股價，許多投資人應該都會萌生買意，想要趁這種低價股特有的大爆發賺一筆，然而因為趨勢線和200日均線、75日均線皆向下推移，故依照趨勢分析的理論，股價被壓回的可能性非常高。而實際上，股價在短暫突破75日均線、稍微來到200日均線上方後，便無法維持預想的價格而被200日均線壓回，甚至跌到75日均線之下。

如同上述，移動平均線的解讀和思考方式雖然跟趨勢線一樣，但卻能告訴投資人趨勢線不易看出的長期和短期趨勢。此外，遇到股價在短時間內波動的情況，在畫趨勢線時可能會畫出很多條線，難以看出股價的走向，但因移動平均線會稀釋股價波動，起伏相對較小，比較容易看出走向。所以當趨勢線太多而不知道該怎麼辨時，可以配合移動平均線一起看。尤其是日線圖看不出短中期的方向時，5日線和25日線應可發揮效用。

16

使用移動平均線進行分析的缺點

時間太長，可能錯失買賣時機

本節將解說移動平均線的缺點。技術分析並非萬能，而每種技術分析圖表也都各有優缺點。在105頁中，我們已從趨勢分析的觀點，比較了移動平均線相對於趨勢線的優點，接下我們要談談它的缺點。

從判讀趨勢這點而言，移動平均線的優點是能看出從趨勢線看不出來，或是難以發現的抵抗和支撐點，幫助投資人不被短期的波動迷惑，進行趨勢判斷。但另一方面，移動平均線涵蓋的期間愈長，方向的變化也就愈緩慢，因而有時會延誤實際買賣的判斷。

用圖表確認移動平均線的變化延遲

讓我們用東曹（4042）的股價日線圖來說明判斷延誤的原因。

股價從2015年1月開始，直到6月23日的高點為止，在25日均線和75日均線的支撐下，一直持續上漲的趨勢，但在7月6日大跌後，股價來到上升中的75日均線下方。此外，在K線被5日均線壓回，持續下跌的同時，75日均線卻仍繼續上升，出現K線和移動平均線背道而馳的現象。不

3-27 東曹（4042）的股價日線圖

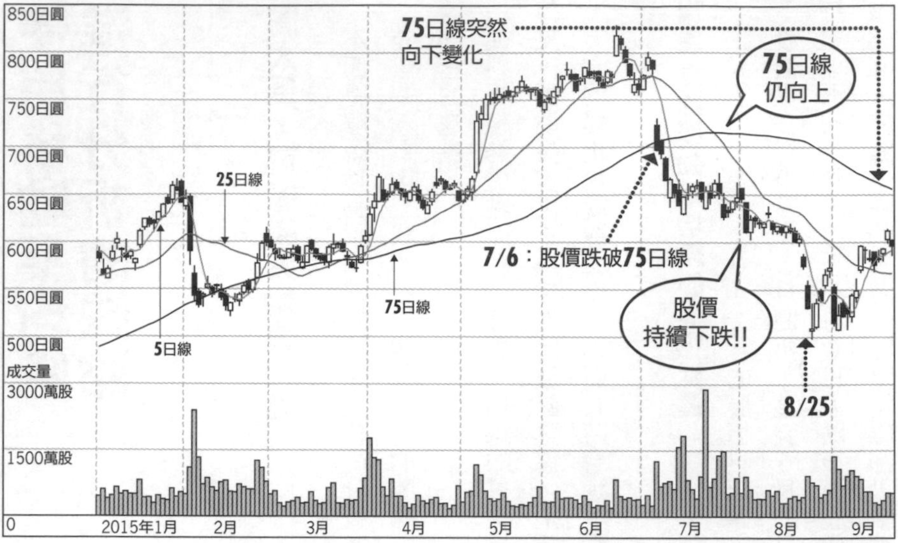

僅如此，股價後來在8月25日到達低點後反彈，然而75日均線不但繼續下降，甚至還在低點形成時加速下跌。

短期的買賣宜使用週期較短的移動平均線

從以上的例子可知，使用移動平均線判斷趨勢時，如果用長期均線（75日均線）的趨勢來判斷，便容易錯過買賣時機。然而如果是用短期均線的話，股價上下搖擺的時候，均線方向也可能跟著搖擺不定，必須留意。

因此，買賣期間相對較短（一週至一個月左右）的投資者，應以5日或25日均線為主要的參考指標。

17 利用葛蘭碧法則把握買賣時機

重點在於仔細確認股價水位

有個人想到了運用移動平均線的優點和缺點，判斷買賣時機的方法。他就是美國股市分析師葛蘭碧（Joe Granville）。葛蘭碧以200日、80日、40日線為基礎，分別對買進和賣出提出了四種法則。有人批判，依照這些法則使用長期均線進行買賣判斷時，會一如前一節所述之移動平均線的缺點，延誤買賣判斷而影響投資表現（成果）。然而，由於一般認為在以移動平均線和K線為基礎的決策方法中，這個法則的表現十分優異，因此我想在這裡向大家介紹。不過，由於原版的法則可能讓大家的投資表現惡化，故本節改用短期均線取代長期均線，使各位能夠運用在實際買賣中。

葛蘭碧法則的特徵是以200日均線為基礎，在長期趨勢中尋找買賣時機，但一如大家所知，近年股市交易的速度愈來愈快，股價波動也變得很快。因此，本書將採用25日均線進行分析。

留意移動平均線的方向判斷買點

葛蘭碧買進的四個法則如113頁所示，請對照112頁的圖表來看。

首先是①的買進模式。成功的重點在於是能否把握移動平均線轉向橫盤的時機。因為當這條移

3-28　三菱電機（6503）的股價日線圖

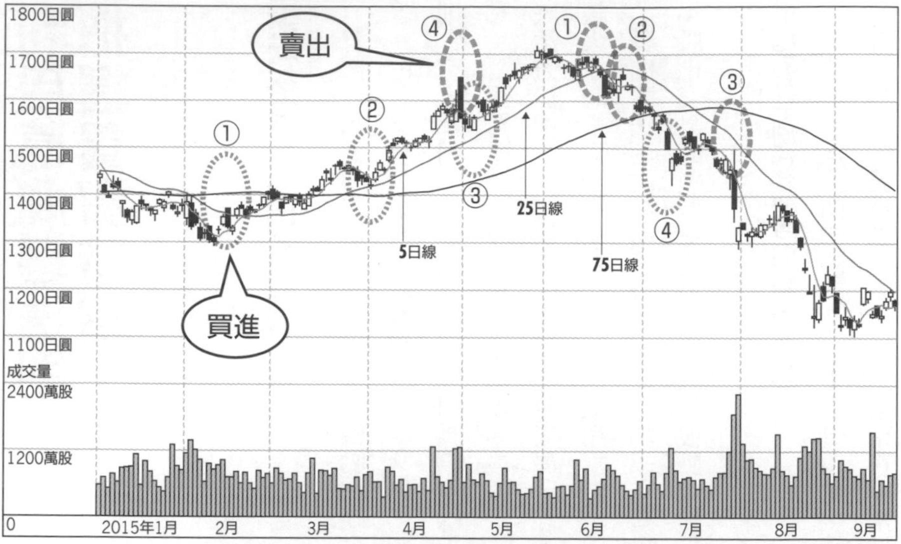

動平均線持續向下推移時，代表股價可能會下跌。如同前幾節的例子中所見，移動平均線的方向並不會立即改變。一如在移動平均線的缺點（109頁）一節所介紹的，移動平均線涵蓋的期間愈長，就需要愈多時間改變方向，就算股價穿破向下的移動平均線，只要移動平均線沒有轉向上方，進入上升趨勢的可能性便不高。因此在①進行買賣判斷時，更須留意25日均線的方向。

而②的重點在於移動平均線是否能維持向上。特別是移動平均線穩定向上時，股價就算一時跌破，大多情況都還會回升，反彈力道持續的時候，更常常刷新高點。實際看看②之後的股價，也可發現股價突破高點，持續上升趨勢。

③的關鍵也是上升趨勢是否維持。此外，若是股價沒有跌破移動平均線便反彈，代表買氣仍然十分強勁，必須注意不要為了等待低點而錯過買點。

而④則是最需要注意的模式。因為這是瞄準下跌趨勢中的跌深反彈進行套利的模式。利用股

3-29 葛蘭碧法則所主張的買賣時機

買進
① 移動平均線沒有長時間下跌且以橫向推移後，股價由下往上突破該移動平均線時
② 即使股價落至移動平均線下，若移動平均線仍在上升，應視為暫時性的整理而買進（趁回檔買進）
③ 當股價在移動平均線上方原地踏步，接近上升中的移動平均線後，沒有跌破平均線便再次上升時
④ 當股價大幅跌落至向下的移動平均線下方（股價向下遠離下跌中的移動平均線）時，代表跌深反彈機率很高，可以買進

賣出
① 原本上升的移動平均線變為橫盤，或者轉為下跌時，股價由上往下穿破移動平均線時
② 股價漲過下跌中的移動平均線後，移動平均線依然繼續下跌時（趁價格回升賣出）
③ 股價跌至移動平均線下後開始拉鋸，又或是一時上揚接近下跌中的移動平均線，卻未能漲過移動平均線便回跌時
④ 當股價大幅漲至上揚中的移動平均線上方（上方的乖離率增大）時，因很可能漲多回檔，應考慮賣出

價反彈套利時，一旦失敗便得付出慘重的損失。

④之後的股價動向則一如１１２頁的圖表所示，即使抓準下跌趨勢中跌深反彈的時機買進，要是錯過賣出時機的話，之後損失便會開始膨脹，是十分危險的買法。初學者很容易只看見股價的落差，因為基本分析顯示業績良好，便誤把跌深反彈的格局當成觸底而買進，就算一開始很順利，卻也容易因為錯過賣出時機而蒙受損失，導致最壞的結果。

此外，雖然是題外話，但此處之所以說是跌深反彈，是因為股價仍在下跌趨勢中，反彈後會再次下跌。有些人會把反彈與回檔兩個詞混用，但它們其實是完全不一樣的，②和③才是回檔，要注意不用弄錯用法。

確認長期均線判斷賣出時機

接下來是關於賣出。賣出的時候，移動平均線的方向同樣很重要。

尤其是①和②的情況，比較容易弄錯應該買

進還是賣出。這是因為很少投資人會在買進時，對照過去的股價檢查目前股價的水位。例如①的情況，如果只看股價和移動平均線的關係，由於移動平均線呈現橫盤，投資人很可能會以為股價一時下跌後還會回升，判斷為回檔而買進。而②的情況也可能有很多人沒想到是下跌的開始，誤以為是回檔而買進。

那麼到底該怎麼做，才能避免這類失敗呢？重點就在於「股價的水位」。只要檢視最低9個月內移動平均線和股價推移的狀況，便能知道目前的水位。此外，由於葛蘭碧法則①到③的訊號已經出現，因此按照順序，應可預測到賣出訊號將至。當然實際遇到時，如果是初學者的話，可能還是很難判斷該不該賣出，但學會葛蘭碧法則後，如能按本書所說的勤於檢查股價的水位，至少應該會知道要忍住不買、暫時觀望。所以請各位務必要牢記本節解說的注意事項和重點，小心不要自己招來失敗。

18 使用何種移動平均線因例而異

為不同股票設定不同週期的移動平均線

關於使用移動平均線判斷趨勢和計算買賣時機的方法，還有幾個需要注意的地方。那就是該以哪條移動平均線作為基準來組合趨勢和買賣時機。儘管本書在介紹時主要是使用日均線，但這只是因為實際買賣股票時，較多人是以數天至數月的週期進行買賣。

其中可能也有人是以數年或10年為單位進行投資，這類型的投資者如果用日線圖來思考買賣時機，只會徒然增加買賣次數，無法賺到大幅的價差。另一方面，現在日本股市六成以上的成交額為外國投資者，在這波動率（價格的變動率）逐漸增高的市場環境中，我認為以本書所說明的25日移動平均線來計算趨勢和買賣時機的方法，應該是最為合適的。

不一定要使用特定的移動平均線

此外，並不是只能使用特定的某種移動平均線。因此覺得25日太長的人，也可以改用20日或10日的移動平均線。

只不過移動平均線的日數變長或變短，都有各自的缺點。例如太短的話，雖然可以很快抓住趨

3-30 三菱電機（6503）的股價日線圖和 10 日移動平均線

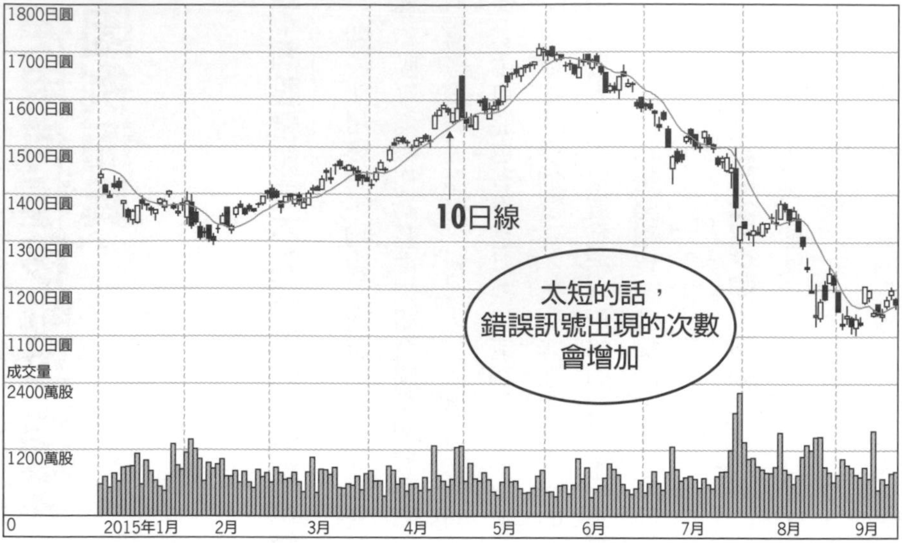

勢，但「錯誤訊號（fakeouts）」產生的次數也會隨之增加。上圖是將100頁三菱電機的日線圖改為10日均線後的圖表。圖中無法找出明顯的支撐，如果使用10日移動平均線，便有可能誤判買賣時機。

審慎思考每支股票適合的日數

相反地，如果太長的話又會如何呢？117頁是只顯示75日均線的股價圖。這份圖表中完全看不出100頁中，可從25日均線清楚看見、用以判斷趨勢和買賣時機的關鍵點。如果只用一條75日均線的話，根本完全派不上用場。因此依照每支股票適合的日數，審慎選擇作為基底的移動平均線，才是最好的方法。

初學者一定要學會
黃金交叉和死亡交叉嗎？

另外，在一般使用移動平均線計算買賣時機的方法中，還有一種用黃金交叉和死亡交叉當成

3-31｜三菱電機（6503）的股價日線圖和 75 日移動平均線

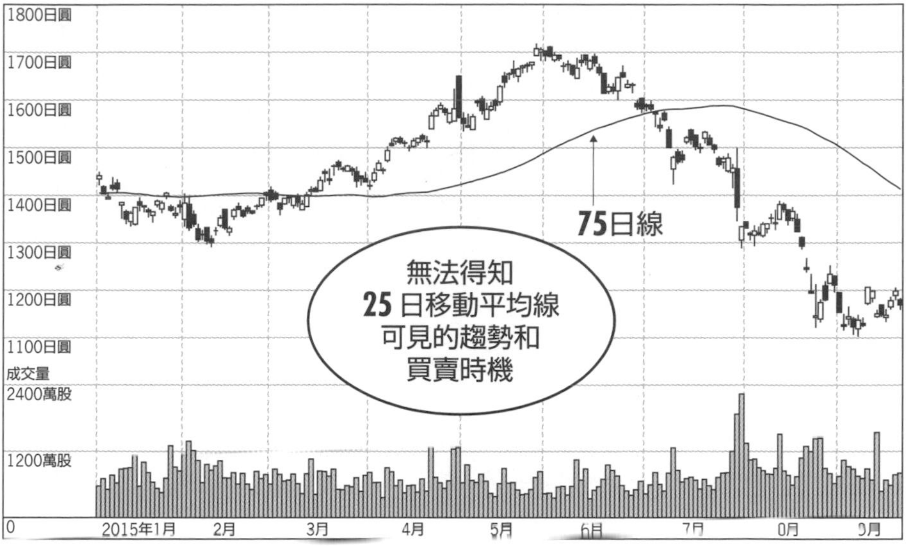

買賣訊號的計算法，但本書並不打算介紹。

這是因為有很多訊號都比黃金交叉和死亡交叉這類訊號更值得參考。因此初學的各位在參照移動平均線時，只要以本書介紹的葛蘭碧法則為基礎，透過趨勢判斷和修正後的移動平均線進行買賣判斷，應該就會比以前更懂得如何買賣。

趨勢線和移動平均線的總結

至此我們已介紹了趨勢線和移動平均線，接著終於到了本章的總結。

趨勢線很簡單，就算沒有特別的知識，從初學者到中高級者任何人都能用它來判讀趨勢，是很優秀的工具。然而因其使用方便，加上看起來簡單，所以很容易被人輕忽，但對於以數日或數月為單位進行買賣的投資者而言，除了能夠把握中、短期的趨勢外，還能用來計算買賣時機，是不可輕視的分析工具。

而移動平均線除了能顯示趨勢線上看不到的抵抗和支撐，同時也能跟趨勢線一樣告訴我們中期的股價走向。

此外，只要精通這些分析工具，便能判斷哪些股票適合買進，哪些股票又不宜考慮，懂得在進場時進行判斷。如同第1章所述，股市中存在業績好卻下跌的股票，也存在業績不佳卻上漲的股票，而趨勢分析就是用來幫助我們判斷股價的走向。所以一定要學會趨勢分析，邁向成功的道路。

請把「唯有征服趨勢線的人才能成為成功的投資者！」這句話牢牢記在腦中，以趨勢分析為基礎，繼續閱讀下面的章節。

練習問題

問題01 請為以下圖表各自畫出正確的趨勢線。

【TOPIX等指數的線圖】

請畫出抵抗線

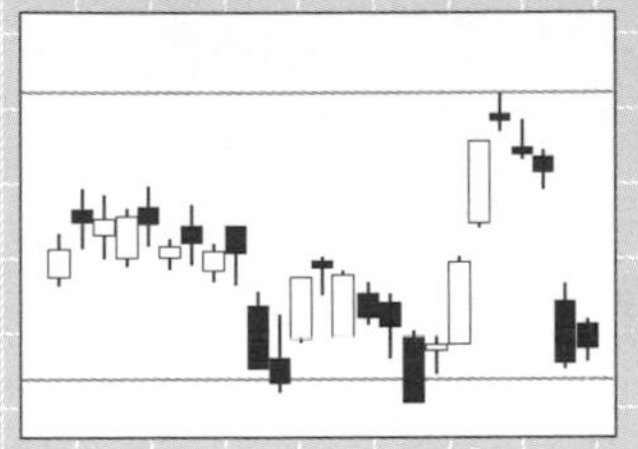

請畫出支撐線

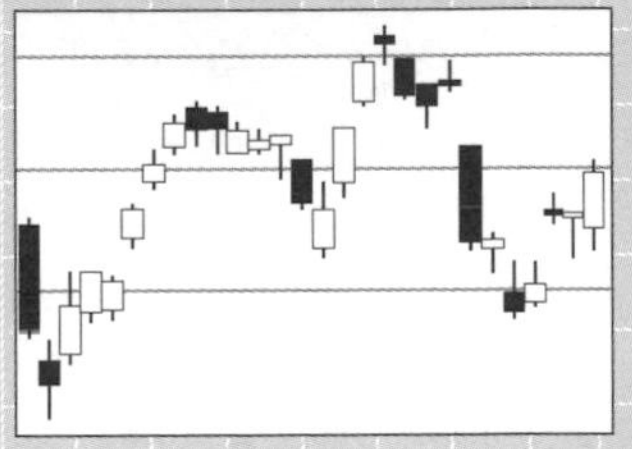

【個股的線圖】

請畫出抵抗線

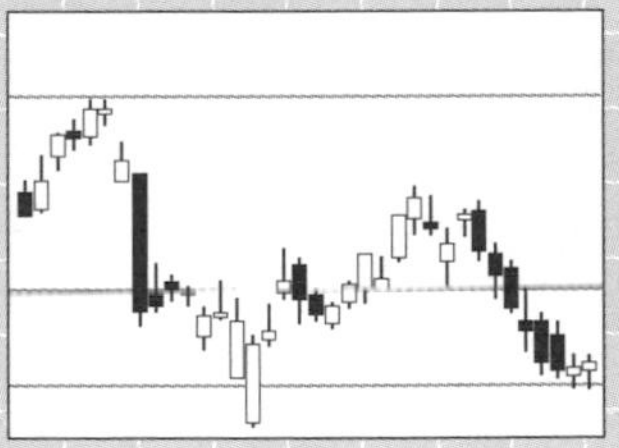

請畫出支撐線

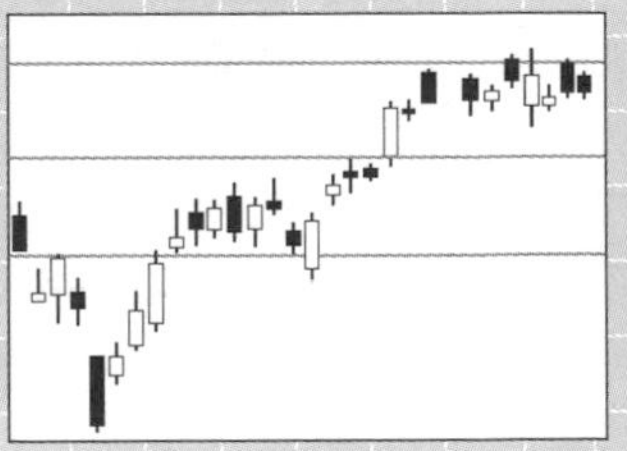

解　答

問題
01

答案 **如下圖所示**

日經平均股價等指數，應如下圖般連接K線的實線部分。個股則應連接影線和影線。

【指數的場合】

・連接 K 線的實線和實線
（抵抗線）

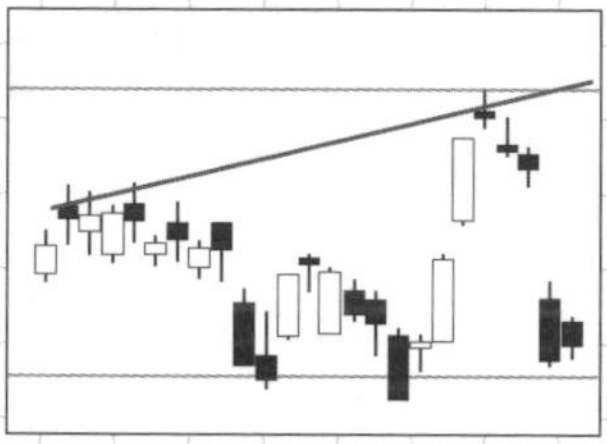

・連接 K 線的實線和實線
（支撐線）

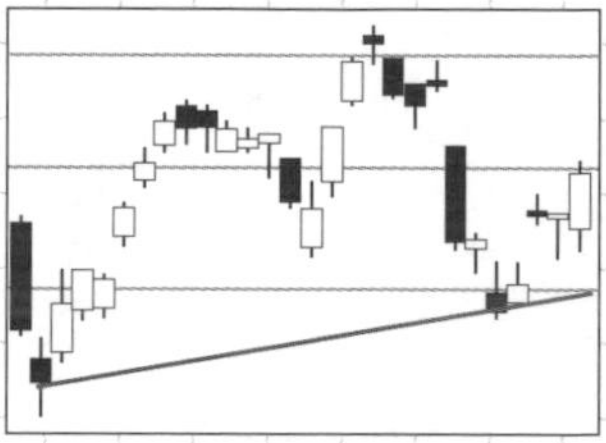

【個股的場合】

・連接高點與高點
（抵抗線）

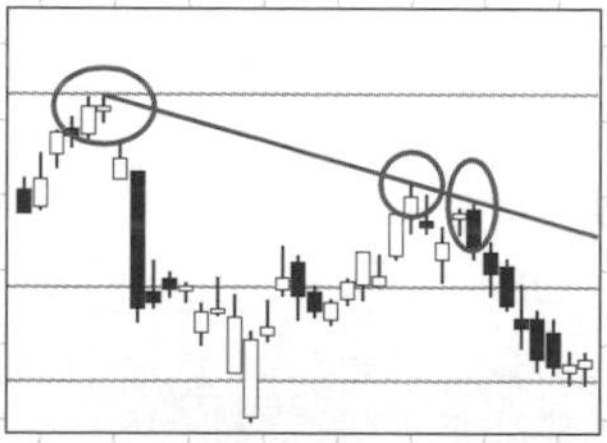

・連接低點與低點
（支撐線）

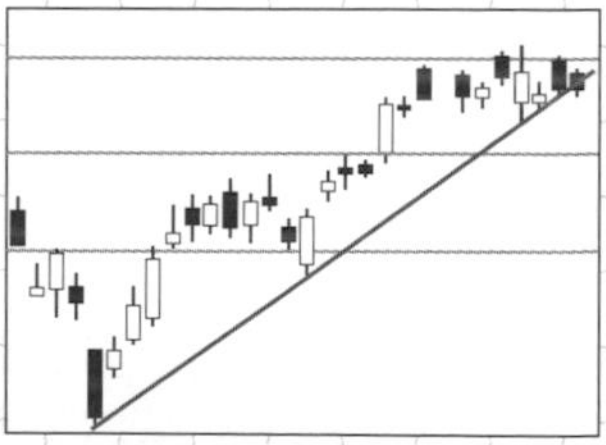

第 4 章

精通趨勢分析②（動量指標）

01 學習動量指標分析的基本思考

計算股價上升和下跌力道的方便指標

在技術分析中，動量指標代表的是「力道」。知道動量指標，有助於在迷惘時判斷應該搭上趨勢分析顯示的趨勢，或是應該先暫時觀望。例如雖然股價上升，卻很在意上漲的力道是否會持續的時候。

趨勢線和移動平均線也能用來計算股價的力道。也就是之前介紹過的角度問題。線段角度愈陡的時候，由於升值幅度也會比較大，便代表股價的力道不弱，但遇到和緩的上升趨勢時，投資者仍可能感到迷惑。

此外，可能曾有投資人誤把攀高後回落的情形當成漲多回檔而買進，結果實際上升的力道卻不強，股價反而跌破移動平均線、轉入下跌趨勢的慘痛經驗。這種時候我們必須檢討究竟是哪裡出錯，而如果發現趨勢判斷明明是正確的，價格變化卻跟原先預想的不一樣，就非常值得學習本節要談的動量分析。

基本方法為分析價格波動的時序

那麼，上升的力道究竟該怎麼計算呢？還有當股價下跌時，又該怎麼從力道判斷股價會跌到哪裡呢？以下將說明計算股價上升和下跌力道的方法。要計算上升和下跌的力道，有很多種思考途徑，這裡我想為各位說明其中一種簡單的方法。

那就是分析上升幅度和下跌幅度的方法。在這裡我想考大家一個問題。假設有支A股票，昨天漲了30日圓。各位看到這30日圓的漲幅，覺得上升的力道強勁嗎？我想答案可能因人而異，有的人覺得很強，有的人覺得很弱吧。除此之外，可能還有人會認為答案會因為原本的股價大小而異，無法一概而論。

那麼我換個角度重新問一次。同樣是A股票，昨天漲了30日圓，而今天又漲了40日圓。請問這支股票昨天跟今天的上漲力道，哪一個比較強呢？用這種方式問的話，比較30日圓和40日圓的漲幅後，大家應該都會認為40日圓的漲幅比較大，所以力道更強吧。由此可見，單純地問30點的漲幅大小，每個人的答案可能都不一樣。但如果是依時序來觀察，股價上升幅度變大的話，那麼大家都會認為上升的力道有所增強；若上升的幅度縮小，也就代表上升的力道變弱了。而動量指標正是以此為原理設計而成的。

動量指標由兩條線構成

那麼接著將介紹動量指標的算法。一如前述，動量指標是以價格變動的幅度為基礎計算而成，但並非單純跟前日的漲跌幅比較。因為如果用前日比來計算價格變化，當股價上下波動劇烈時，便會難以判斷力道的強弱。因此計算動量指標時，一般是比較10日前的收盤價和當日的收盤價。舉例

4-01 動量指標圖（10日）和三菱電機（6503）的股價日線圖

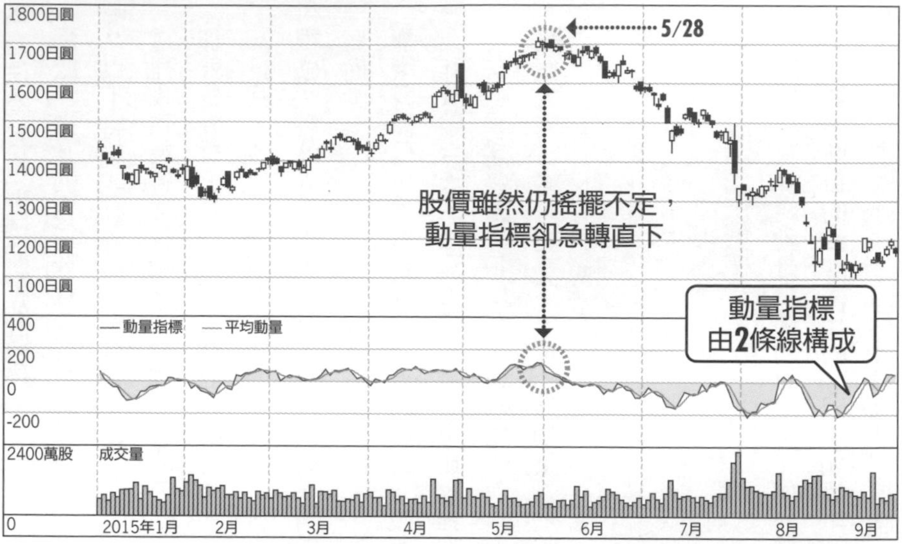

來說，若10日前的收盤價為800日圓，而當日的收盤價為840日圓，840日圓－800日圓＝40日圓，這40日圓就是股價上升的力道。然後就像移動平均線那樣每天計算一次，將計算的結果連成一條會移動的線。

完成的結果就如124頁的圖表。上半部為K線圖，下半部是動量指標。動量指標是由兩條線組成，另外一條稱為動量訊號（Momentum signal），是動量指標的移動平均線。動量指標不只一條線，加入另一條移動平均線的理由，是因為光憑動量線不易掌握股價上下的方向，故才加入動量指標的移動平均線解決這個問題。除此之外，當動量線跌破移動平均線，或漲破移動平均線的時候，也能視為買賣的時機。

可視為股價下跌的先行指標

回到圖表。大家應該會發現上半部的K線圖和動量指標幾乎是連動的。另一方面，5月28日到達高點的隔日之後，股價在高價處徘徊了數

| 4-02 | 動量指標的算法和一般的分析方法

計算公式
當日股價－N日前股價＝動量指標（N日前＝一般為10日）

判斷力道的強弱
・動量指標為正值，代表上升的力道較強 ・動量指標為負值，代表下跌的力道較強 ・動量指標在0線上，代表當日股價與N日前股價相同，上升、下跌之力道為0（＝中性）

買賣判斷
即使在上升趨勢中，若動量指標先於股價下跌，且動量線穿落平均線，宜先賣出

天，但動量線卻急轉直下，跌破動量移動平均線。特別是兩條線在最高水位時交叉，代表此處即為股價力道的高峰。此外，因為動量指標比股價本身更快下落，故也可當成股價的先行指標。因此一如124頁的圖表，就算線圖中只有K線，難以判斷股價的趨勢，但因為動量指標先行轉跌，故仍應優先進行獲利了結。

02

瞭解動量指標低下和轉負時的意義

我們已在122頁簡單說明了動量指標和股價的關係，大家從計算公式應該也看得出來，動量指標不一定是正值。例如10日前的股價為800日圓，而當日股價下跌到780日圓的情況，根據公式，可算出780日圓－800日圓＝負20日圓。這是十分簡單的計算公式。那麼，當遇到動量指標為負的時候，又該怎麼判斷才好呢？我想大家應該都已經知道答案了。當動量指標為負值時，就代表下跌的力道比上升的力道更強。

接著我們一起來看看畫有25日移動平均線的三菱電機的股價圖。上一節的圖表中，股價是在動量指標下跌後才跟著下跌的，而從本節的圖表可看出，股價在跌破25日移動平均線的同時，依照葛蘭碧法則也轉入了下跌趨勢。那麼，在股價跌破25日均線的前後，動量指標又有什麼樣的落差呢？大約是在中間的0線上，但仔細看可以發現，動量指標在股價跌破25日均線之前便先跌破了0線。

如同上述，儘管股價仍在25日均線之上，但動量指標卻先行轉負，就代表下跌的力道正在增強。因此，當我們仍不確定股價是否會停在25日均線上時，只要分析動量指標，就能從動量指標轉負的現象得知應該觀望，不要買進。此外，也能防止投資人落入想趁機逢低買進、逆勢投資的陷阱。當股價正在下跌時，動量指標也偏低，不僅之後的反彈無法突破25日均線，動量指標也同樣無法跨過0線。同時就算真的跨過0線，也會馬上跌落回去。這種時候就是停損和利用反彈套利的時

4-03 三菱電機（6503）的股價日線圖

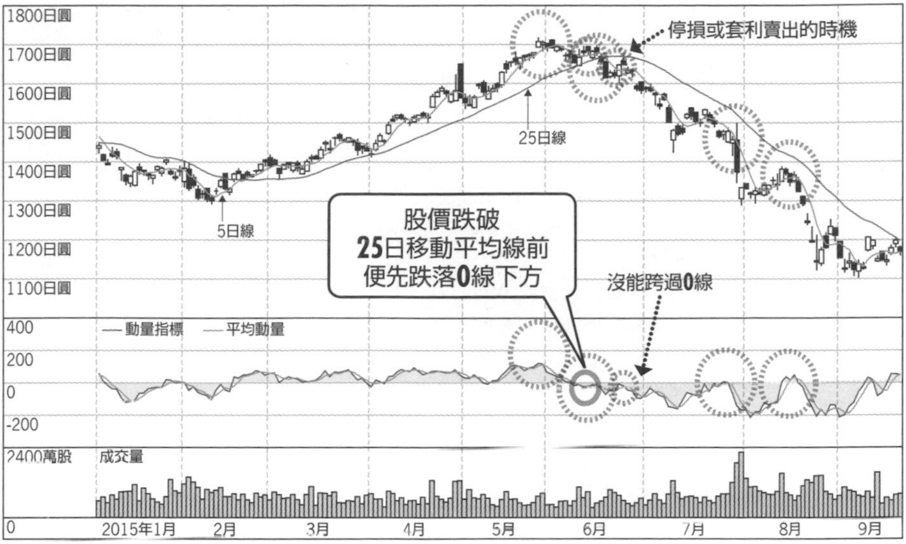

機。因此不要貪心，及早賣出才是正確做法。

趨勢和動量指標的關係為何？

趨勢和動量指標的關係非常簡單。當處於上升趨勢時，因為高點頻頻刷新，故現在的股價會比過去的股價更高。另一方面，當處於下跌趨勢時，因為是頻破低點的狀態，所以現在的股價會比過去更低。

將這點套用在動量指標的公式中，會產生什麼樣的結果呢？以頻破高點的股票舉例來說，因為股價每天都在上漲，所以不論動量線的波動如何，動量指標都會維持在正值，也就是0線以上的位置。另一方面，若把股價頻破低點的情況套用到公式，因為現在的股價比過去低，故動量指標會維持在負值，停留在0線以下。

注意動量線是否跨越0線

三菱電機的股價在2月20日向上跨過25日移動平均線後，收盤價連一次也沒有跌破25日均

4-04 三菱電機（6503）股價日線圖中的背離現象

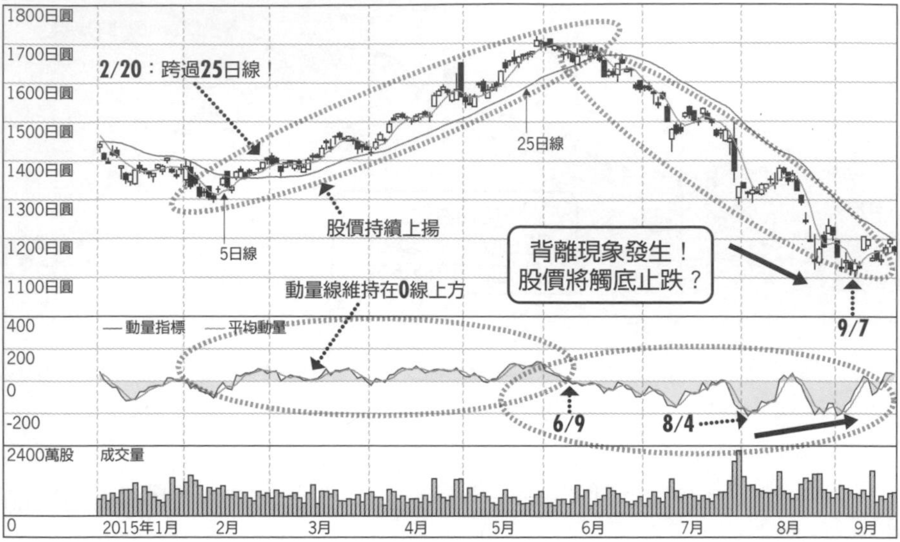

線，一直持續上升趨勢。再看看動量指標，除了股價一度接近25日均線的4月1日外，動量指標和平均動量都一直在0線上方。然後在股價跌破25日均線的6月17日更早之前，兩條動量線就同時在6月9日跌破0線，代表下跌的力道增強。再看看之後的動量指標，雖然一度回到0線，卻又被壓了回去，就算突破也無法維持。

由以上狀況可知，在上升趨勢中，動量指標會長期保持在0線上方；而在下跌趨勢中，則會有較長的時間停留在0線下方。因此在上升趨勢中，當手中持有股票時，必須時時確認動量指標是否也保持在0線上方。

在信用交易中活用動量指標的方法

什麼是融券賣出呢？當預測未來股價將下跌時，只要運用融券方式，即使市場價格下跌也能獲利，可使買賣的選擇更多元。此外，覺得信用交易很困難的人，也可考慮買進在日經平均股價等指數下跌時，價格反而會上揚的NEXT

4-05 NEXT FUNDS NiKKei 225 Double Inverse（1357）的股價日線圖

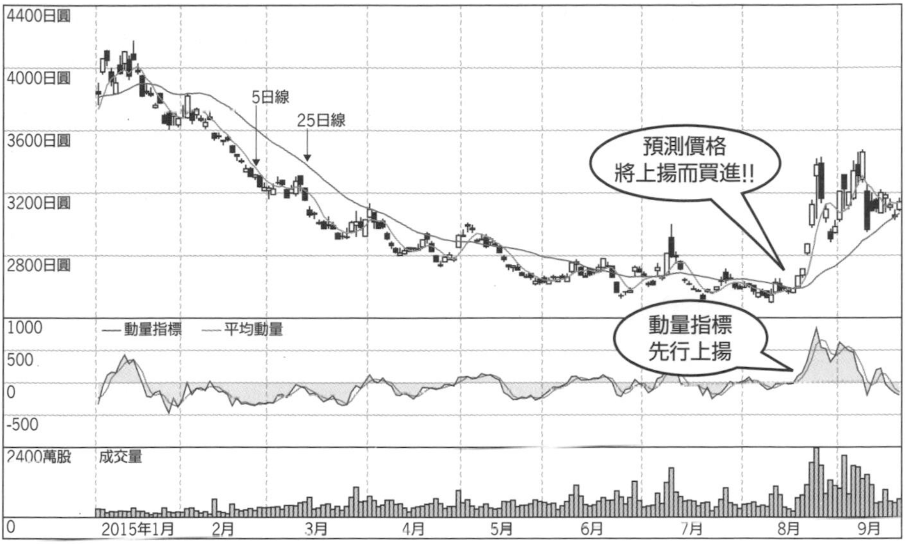

FUNDS NiKKei 225 Double Inverse等ETF。

接著，買進後又要如何計算觸底止跌（融券回補）的時機呢？因為動量指標是用來顯示股價力道的指標，所以只要在力道低落時回補就可以了。那麼，動量指標下跌、股價力道低落的狀態又是什麼樣子呢？假設10日前的股價為900日圓，當日的股價為880日圓。這時動量指標就是880日圓－900日圓＝負20圓。因此我們可得知在這波下跌中，股價的下跌力道為20點左右。

然後再假設到了下一個交易日，股價變為840日圓，而10日前的股價為850日圓。雖然股價跟前日相比又跌了40日圓，但以10日前股價為基準的動量指標則是840日圓－850日圓＝負10日圓，儘管股價仍在下跌，但動量指標的下跌力道卻從昨天的負20日圓變成負10日圓。

背離現象為股價止跌的徵兆

像這種股價雖然在下跌，但動量指標反而愈

跌愈淺的收斂背離現象（Convergence），正是股價即將觸底的徵兆。看到這種股價的收盤價一直跌破低點，但動量指標卻開始收斂的現象，可認為是下跌的力道正在減弱，融券的話可以回補，若股價轉為橫盤的話，則可依葛蘭碧法則的①買進新股。順帶一提，128頁三菱電機的股價圖中，雖然股價是在9月7日到達1103日圓的低點，但動量指標最低的時候卻是8月4日，暗示了下跌力道開始減弱。不過因為趨勢仍未轉為橫盤，所以比較適合繼續觀望，或是只以最少單位買進。

03 參考動量指標選擇買點

跨過0線代表上升力道增強

在學會動量指標的算法和簡單的買賣判斷後，讓我們來看看實際的股票並詳細地分析。所用的例子是DOUTOR・NICHIRES Holdings Co., Ltd.（3087）。圖表上半部和下半部分別是K線和動量指標，請各位仔細觀察股價和動量指標的變化。另外，請以0線為基準思考買賣的時機。

股價明明在上漲，動量指標卻呈現橫盤的原因？

關於股價的動向，自1月29日到達低點後，股價便開始慢慢反漲。同時動量指標和平均動量在2月10日超過0線後，股價也持續上漲了一陣了。而在股價持續上升時，動量指標則在0線上方維持了一陣子的橫盤。

雖然有點突然，但這裡我想問問大家。為什麼動量指標會呈現橫盤呢？提示就在圖表中。由圖可知，動量指標在往橫向推移時仍稍稍上升了一定幅度。換言之，股價跟10日前相比上升了一定幅度，以本節的例子而言，實際比較10日前和當日的股價，大約從70日圓上升到了90日圓。知道這點後再回來看看圖表，可發現上升的角度大致與K線的大小相同。因此，當動量指標到達高點、維持

4-06 DOUTOR・NICHIRES Holdings Co., Ltd.（3087）的股價日線圖

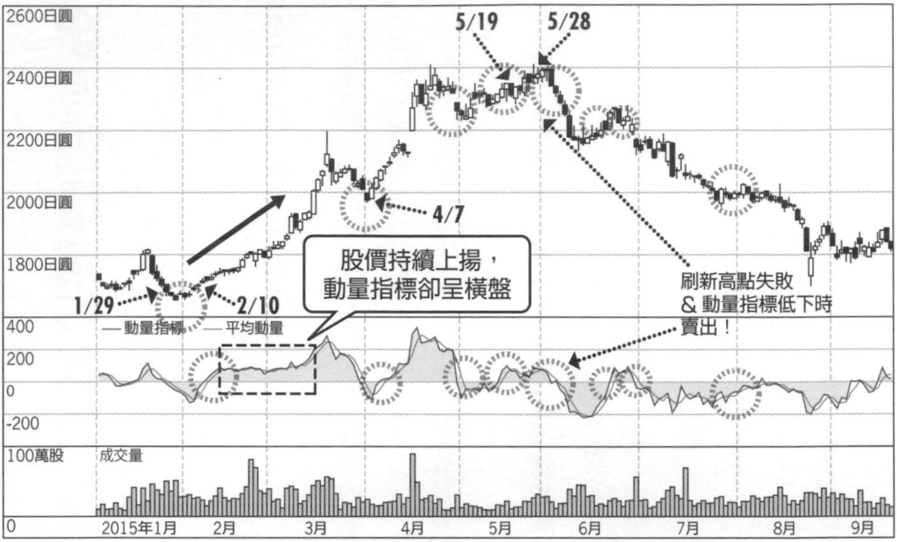

橫盤，而股價仍繼續上升時，由於可預想股價會持續規律地上升，因此應該繼續抱緊手中的股票，切勿以為是漲勢停止而賣出。

運用動量指標買賣的規則

那麼回到主題，在4月後股價持續上升時回檔的地方，動量指標雖一度跌落0線下方，但動量指標的下跌只是暫時性的，下跌停止後又再次回到0線上方，股價也跟著轉漲。這種現象在5月28日到達高點前，反覆在4月7日到5月19日間發生。這種價格變化也就是俗稱的「漲多回檔」，只要能確定股價會繼續上揚，就可在動量指標向上穿越0線時買進。

至於賣出的時機，也可以0線為基準來思考。股價上升期間，動量指標很少會跌至0線下方。此外，股價持續上漲時適合繼續持有，故較難找到賣點。

另一方面，就算動量指標跌落0線下方，但在上升趨勢持續期間，動量指標仍會在數天內回

到0線上方，所以很難判斷到底什麼時候該賣才好。假設在股價到達5月28日高點前的這段時間，我們認定上升趨勢仍在持續，就算動量指標跌到0線下方仍不賣出的話，會發生什麼事呢？雖然在上升趨勢期間仍有賺取價差（利用上下的波動套利）的機會，但如果沒有在5月28日後跌破0線時賣掉，便會錯過之後轉入下跌趨勢前的賣點，不但可能賺不到半毛錢，說不定還會蒙受虧損。為了避免在這種情況下錯失賣出時機，重點就在於定義上升趨勢的「刷新高點」有沒有成功，所以請各位一定要記住**在刷新高點失敗&動量指標低下時賣出**的原則。

動量指標的應用法——與移動平均線並用

接著讓我們加上移動平均線，再確認一次134頁的圖表。配合這張附有移動平均線的圖表檢視動量指標顯示的買賣時機，便能看見光靠K線無法讀出的趨勢和買賣時機。例如，在動量指標於3月31日跌破0線的地方，由於25日移動平均線仍持續穩定上升，因此當4月7日看到動量指標向上突破0線時，我們便能更加確定股價會上升而進行買進。還有5月19日也是一樣，在向上的移動平均線支撐的地方，因為動量指標也在0線上方，所以可判斷是買進的訊號。此外，賣出訊號的判斷也是同樣的原理。

例如，在3月31日動量指標跌落0線的地方，由於向上的25日移動平均線形成支撐，故可知不須急著賣出，應繼續觀望。另一方面，由於5月7日跌破0線時也一樣有向上的25日均線支撐，因此也是繼續觀望。然後在第三個跌破0線的6月5日，動量指標落於0線下方的同時，股價也跌破25日均線。再看看25日均線的方向，符合葛蘭碧第三法則，在移動平均線由向上轉為橫盤時跌破，故可判斷為賣出訊號，符合理論必須賣出的條件。

4-07 加上移動平均線的 DOUTOR · NICHIRES Holdings Co., Ltd.（3087）的股價日線圖

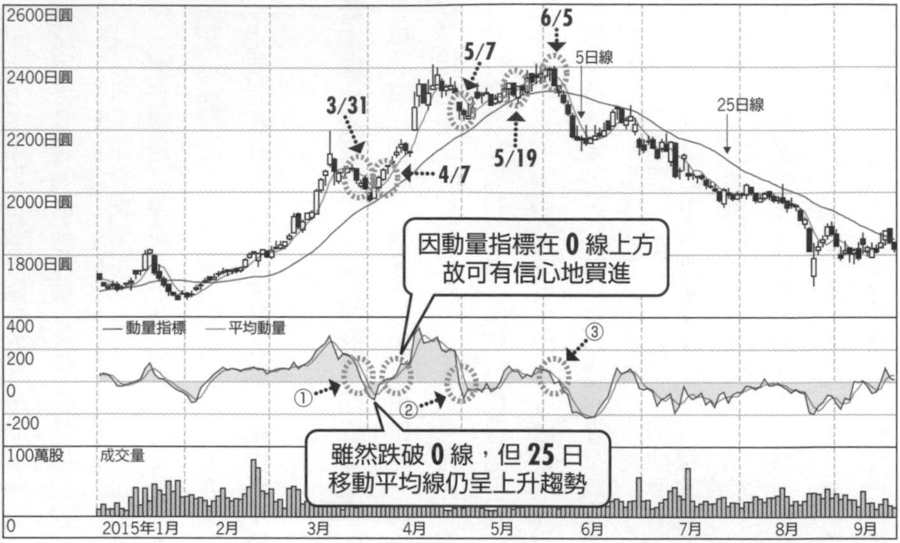

如上所述，只要不想著一定要在高點時全部賣出，每天確認股價的話，就能毫不費力地算出買賣時機。

04

參考動量指標選擇賣點

跌落0線表示下跌力道增強

學會判斷買賣時機後，接著讓我們來看看即使在股市下跌時也能獲利，一般俗稱的賣空（向券商借券賣出）。之所以要介紹這個主題，是因為本書是針對初學者的書，幾乎沒有什麼關於信用交易的內容。然而，如果大家想脫離初學者的階段，以中、高級投資人為目標的話，就一定無法避開信用交易。這是因為就算是只從事現股交易的投資者，當手中持有可進行信用買賣的股票時，便會受到因信用交易造成的股價波動影響。

此外，一如各位所知，股票市場有漲有跌。而當經濟停滯時，股市往往是漲少跌多。這種時候，只從事現股交易的投資人，和在下跌趨勢中不會判斷買賣時機的投資人，投資失利的可能性便比較高，所以必須吸收內化為自己的知識。

關鍵為是否持續在負值圈橫向推移

下文將解說在下跌趨勢中融券賣出和買回的時機。

同樣舉DOUTOR NICHIRES Holdings Co., Ltd.的股票為例。此處將與移動平均線一起看。

4-08 DOUTOR · NICHIRES Holdings Co., Ltd.（3087）的賣出時機

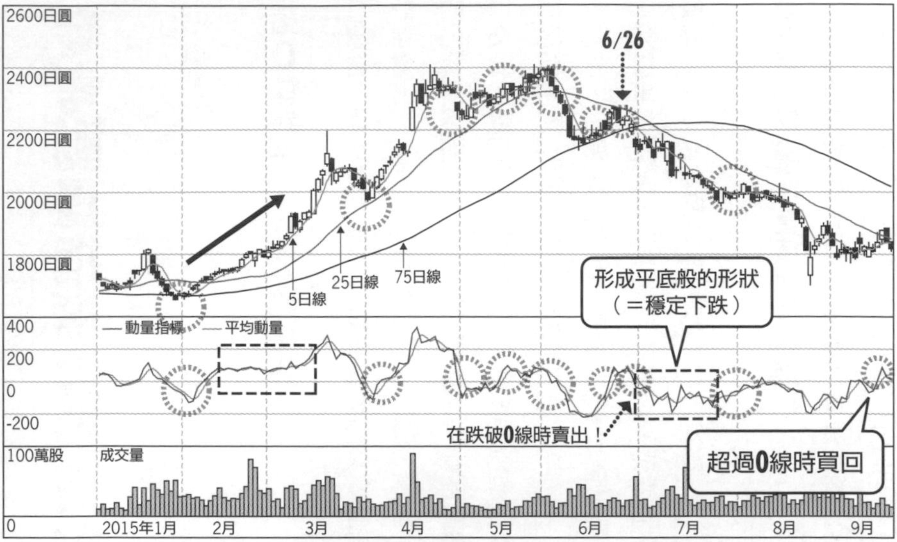

股價在大多數時候不斷來回波動。波動的幅度時大時小，一輪波動的時間也有長有短。

在這種情況下，當股價轉入下跌趨勢時，用來判斷這波下跌是會長久持續，還是會短暫終結的就是動量指標。

在131頁中，我們提過動量指標在正值橫向推移的模式，各位還記得嗎？當時曾說過，動量指標在正值圈橫向推移時，表示股價會穩定上升，而下跌趨勢是否會持續的關鍵，就在於動量指標是否會持續在負值圈橫向推移。

舉例來說，6月26日股價被向下的25日移動平均線壓回後，便持續下跌，而動量指標和平均動量也都在7月1日跌落0線下方。

再看看之後的動量線，持續在0線下方一邊打出平底一邊緩緩向0線移動，故可知股價正穩定地下跌。遇到這種情況，以買進長抱為目標的投資者不可買進。此外，可進行融券的投資者應在剛跌破0線時賣出，並在動量指標於負值圈橫向推移時等待，直到動量線再次向上突破0線，

這就是融券賣出的重點。

不只上漲，下跌時也有獲利機會

接著是關於買回的時機，當動量指標向上突破0線時就代表可以買回（把股票買回來還）了。同時，當股價沒能突破向下的25日均線，動量指標又再度跌回0線下方時，還可以再一次融券賣出，重複同樣的動作。尤其可在移動平均線形成下跌趨勢，抓準動量指標跌至0線下方時進場，由於此後動量指標在負值圈推移的期間，股價會持續下跌，故可賣出後採取觀望態度，慢慢尋找買回的時機。

當然，並非所有股票的價格變化都跟本節介紹的一樣，也不見得都會形成這麼好判斷的形狀。不過若能跟上本節介紹的這種價格型態，不僅能在上漲時獲利，就算遇到股市下跌也能賺錢，使獲利機會提高一倍，所以一定要學會。

05

動量指標出現多個高點時的對應法

注意動量指標的水位

關於動量指標的買賣判斷，接下來要討論的是動量指標水位的分析。舉萬寶至馬達（6592）的股票為例。圖表中包含K線和動量指標，首先利用K線來確認趨勢吧。

觀察K線，股價在1月16日到達低點後開始反漲，突破到25日均線之上，然後在25日均線的支撐下上升。

接著再來看看動量指標的位置。動量指標是代表股價力道的技術指標，而動量指標的水位就代表股價力道的強弱，此處可見股價雖然在上升，但力道卻不是很強。實際觀察圖表，動量指標在2月25日達到頂峰。同時，股價也在停滯後開始下跌。不僅如此，股價在跌破向上的25日均線時，動量指標也一度跌破0線。

出現背離現象即是股價到達頂點的訊號

隨後動量指標反彈超越0線，又向上推移。然而股價雖然仍呈上升趨勢，但動量指標卻下上搖擺，沒有穩定地上升。

4-09 萬寶至馬達（6592）的股價日線圖

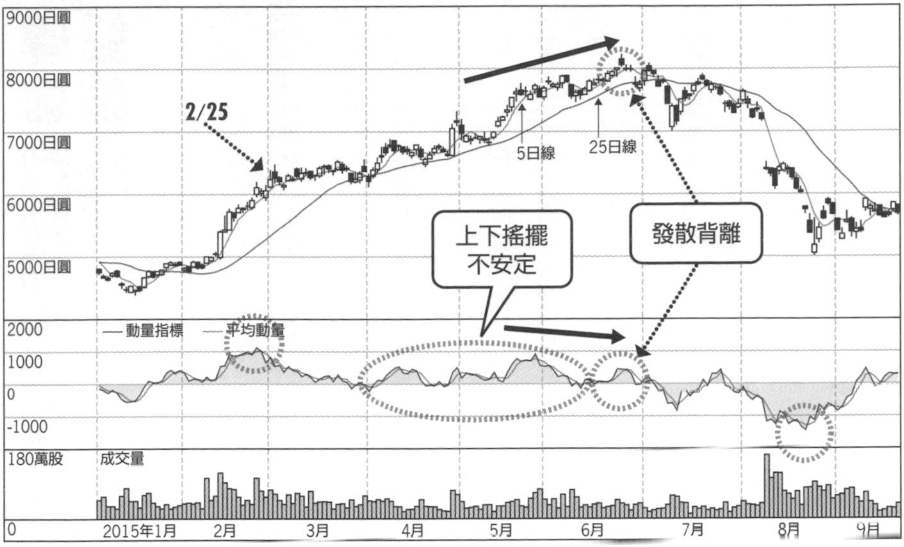

遇到這種情況時，由於無法確定動量指標是否強勁，因此要小心不能錯過賣出時機。

接著再來看看6月24日股價到達高點時的動量指標。股價雖然攀至高點，動量指標的水位卻沒有超越先前的高度，落在較低的水位。這種狀態稱為發散背離（Divergence），常出現在股價到達頂點的時候。原因很簡單。就像至今為止介紹過的，當股價來到天頂，投資者期待它繼續上升，但上揚的力道已經出盡、後繼無力時，就會形成這種情況。

當25日均線轉為橫向移動、股價跌破25日均線時，表示開始出現明顯的下跌趨勢，應考慮賣出持有股並選擇融券賣出的戰略。

06

學會判斷動量指標的錯誤訊號

發現進場時機錯誤的話就立即撤退

接下來讓我們來看看動量指標何時會出現錯誤訊號吧。動量指標顯示的買賣時機，是在向上和向下穿破0線的時候，還有當動量指標在正值圈或負值圈維持較高水位一段時間後，與平均動量線交會之時。

此外，當股價高點頻頻更新，動量指標卻無法超越前一波高峰，上升力道已達頂點，回跌後與平均動量線交會而產生發散背離（Divergence）時，都可視為是賣出的時機。相反地，當股價頻破低點，動量指標卻不再下降，發生背離現象時，則可視為買進的時機。

謹記首先應把握趨勢

就上述所言，雖然乍看之下動量指標似乎很少會發出錯誤訊號，但還是有幾點必須注意。請各位看看141頁的圖表中用方框圈起來的部分。動量指標在趨勢發生的時候，還有股價出現一定程度的大幅變化時，都可清楚地告訴我們適當的買賣時機，但就像本節所舉的DAIHEN Corporation（6622）框框中的波動一樣，當價格波動較小、方向性不明顯的時候，動量指標會在0線附近

4-10 用動量指標無法正確判斷買賣時機的例子

來回，無法告訴我們正確的買賣時機。因此如果在這種價格變化的模式下進場，就只得耐心等到股價走向明確為止。想避免落入這種狀況，最重要的就是一開始便掌握趨勢。以這支股票而言，由於25日均線呈橫盤走勢，加上沒有出現定義為上升趨勢的高點更新狀況。因此假如不小心進場的話，一定要立刻撤出，請各位牢記這點。

另一方面，動量指標在0線附近上下波動時，要脫離整理期的重點就在於，動量指標是否能夠突破整理範圍的最高或最低標準。

圖表中動量指標在5月13日急速上升，突破了前段時間的最高水位。因此可考慮在動量指標突破這個水位時下單買進，並於水位到達與2月27日相同高度、漲勢開始趨緩時賣出。

07

動量指標應用篇①「拉長時間」

依個股調整時間長度就能看見買賣時機？

接下來將進入應用篇，我想稍微做點實驗。讓我們來看看如果改變動量指標的時間長度，買賣時機會出現什麼變化。

舉前一節用過的DAIHEN股票為例。那麼，請各位看看將動量指標的日數改為15日後的圖表。和之前以10日為基準的動量指標相比，這張圖表有兩個地方最為不同。大家看得出來嗎？第一個地方，就是用方框圈起來的地方。由於前一節的10日動量指標是在0線附近上下擺動，很容易讓人不小心進場，而這張圖表中則幾乎完全是橫向推移，比較不會讓人錯誤進場。

至於另外一點，則是動量指標峰點出現的時間差異。10日動量指標的正值峰點在8月13日，而負值峰點則是8月25日。然而，15日動量指標的正值峰點在8月20日，負值峰點則是9月8日。

錯過動量指標的峰點會延誤反應時機

如圖所示，動量指標的峰點往後偏移了。

通常改變技術指標的時間基準時，如果拉長時間的話，就像本節所舉的例子，圖形會變得更加

4-11 DAIHEN Corporation（6622）的股價日線圖

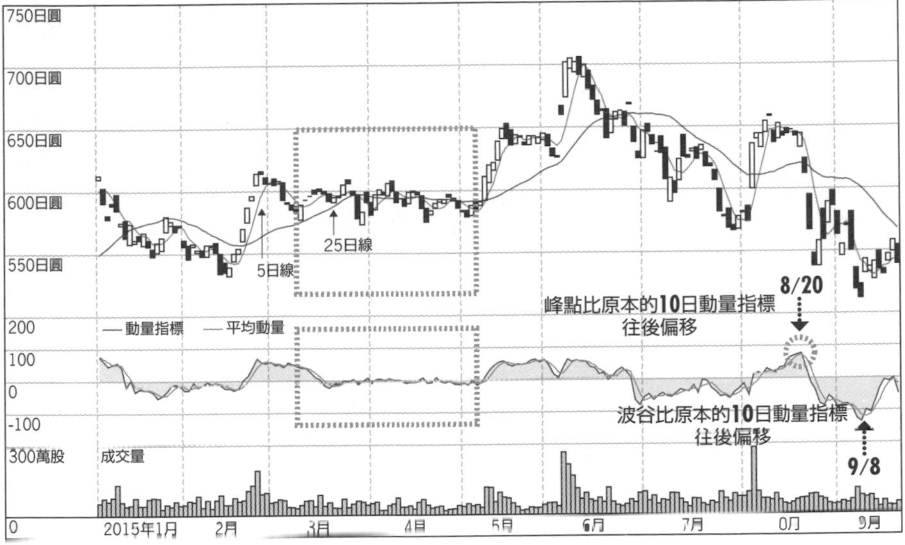

圓滑，雜訊也會減少，但另一方面，與買賣時機相關的動量指標的正負峰點也會延後，一旦錯失的話就會延誤獲利了結和停損的時機。

依個股進行配適
找出最適合的時間長度

不過就像這支股票一樣，如果遇到股價幾乎不動，或是價格突然大幅波動的股票，稍微拉長時間應該會更容易觀察。

我把這種調整稱為配適。就像試穿衣服一樣。只要為個別股票配上合適的分析圖，說不定就能找出最適合這支股票的買賣時機。請各位務必自己嘗試看看。

08 動量指標應用篇②「縮短時間」

有時只要縮短時間長度就會更容易預測

在應用篇②中，我們要討論縮短時間長度的情況。舉ＪＸ控股（５０２０）的股票為例。俯瞰ＪＸ控股的股價，可發現其價格跟三菱電機（１２７頁）和DOUTOR NICHIRES Holdings Co., Ltd.（１３２頁）一樣，在1月16日到達低點後，一路漲至6月2日，然後又開始下跌，形成一座巨大的山形。細看的話，便能發現在1月16日到6月2日抵達高點的期間，股價一邊微幅波動一邊上揚。

遇到這種股票時，就算知道股價有25日均線支撐，想要趁回檔時買進，也很難掌握回檔買進的時機。在這種狀況下，如果縮短動量指標的日數會怎麼樣呢？請看下一頁的圖表。兩張圖分別是5日動量指標和10日動量指標。怎麼樣？沒想到縮短時間長度後，動量指標竟以0線為界出現明顯的波動，幾乎完全符合原先難以捉摸的買賣時機。

使用不合適的指標非常危險

那麼就讓我們具體地比較看看吧。舉例來說，最容易看出買賣時機改變的地方，就是圖表4－

4-12 10日動量指標的JX控股（5020）的股價日線圖

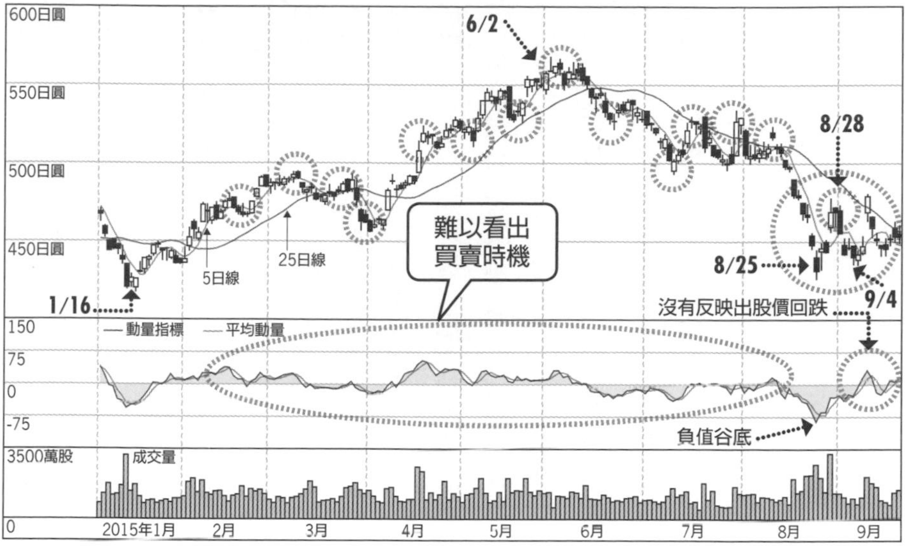

4-13 5日動量指標的JX控股（5020）的股價日線圖

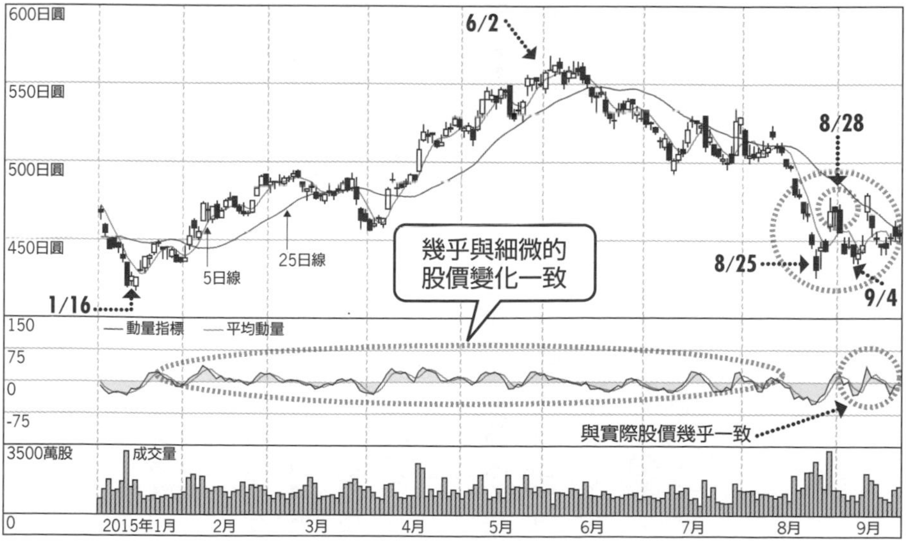

12右端的大圓圈中用小圓圈出來的部分。首先請看10日動量指標的那張圖。此處的股價在8月25日到達低點後，直至28日前出現了小小的反彈，但又隨即轉跌。然後，跌至9月4日後又再度反彈，使股價在小範圍內來回波動。

接著我們來看10日動量指標。雖然動量指標在8月25日跟股價一樣跌至負值谷底，但隨後8月28日的回跌並未反應在線形上。這樣一來便可能錯失賣出時機，在實戰時造成損失。

那麼，5日動量指標又如何呢？5日動量指標從8月25日的低點到28日的反彈高點，以及之後的回跌與再反彈，全都吻合股價的細微變動。如上所述，一開始宛如穿了尺寸太大的衣服，動向不佳的動量指標，一旦換了合適的衣服後，便能十分良好地反應股價變化。本節之所以改變指標使用的時間長度，讓各位看看圖表的變化，是想告訴大家如果使用不合適的技術指標，不僅無法提升投資成果，甚至還可能誤導自己，造成更大的損失。

技術指標究竟該怎麼設定，每種指標又有什麼特徵？還有，究竟什麼時候才能發揮最大的用途，什麼時候又無法作用？只要學會這幾點，應該就能自己思考，自己下工夫，找出適合自己的買賣時機。投資時無論使用哪種技術指標都沒有關係，重要的是發現適合自己的技術指標，並下工夫熟悉它們的用法，如此一來，應該就能建立專屬自己的技術分析，避免較大的失敗。此外，知識的深度和努力的程度愈高，投資成果也會更好。所以千萬不要囫圇吞棗，輕視打地基的工作，一定要靠自己努力和發現。如此一來，必定會得到豐碩的成果！

練習問題

問題 01 以下關於動量指標的說明何者錯誤？

1 可看出股價上升或下跌的力道
2 無法看出趨勢
3 數值介於0到100%之間

問題 02 請圈出發散背離（Divergence）和收斂背離（Convergence）發生的位置。

東日本旅客鐵道（9020）的股價日線圖

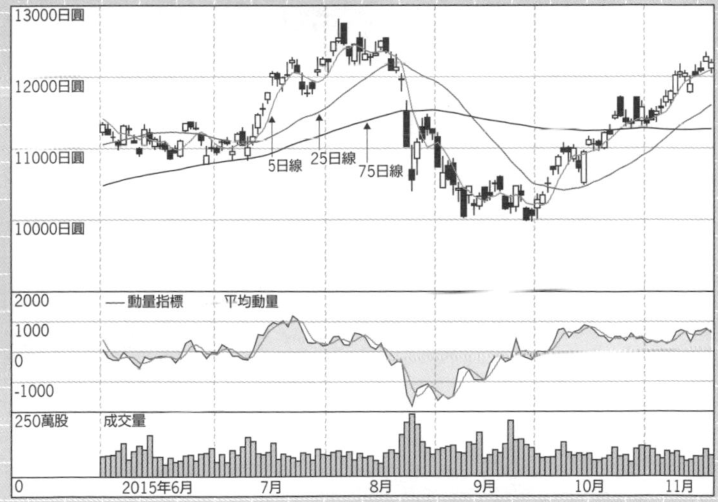

解 答

問題 01

答案 3 數值介於0到100%之間

下限和上限為0到100%的是RSI。

問題 02

答案 如下圖所示

股價刷新高點，動量指標卻未能達到前波高度便下跌的地方。

東日本旅客鐵道（9020）的股價日線圖

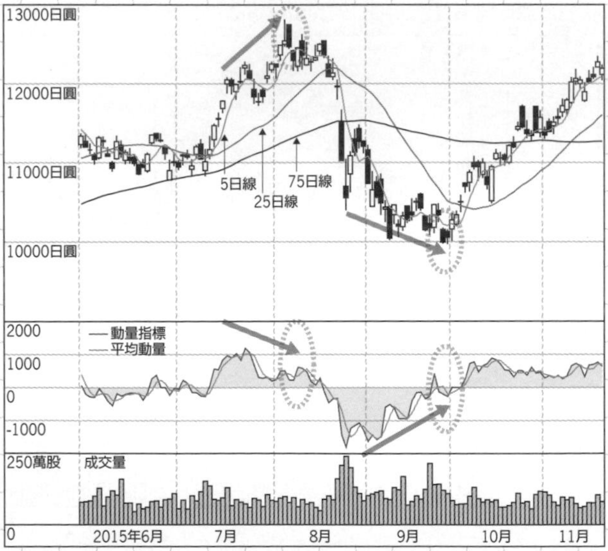

第5章

精通震盪分析（RSI和MACD）

01

暗示買賣時機的震盪系線圖

這世上沒有總是上升，或總是下跌的股票。即使上升或下跌的大趨勢沒有改變，每天的價格仍會變化，就算是在上升趨勢中，仍可能出現不知何時該買進、何時該賣出的情況。這是因為股價並非業績好就一定會上升，業績不好就一定會下跌這麼單純。

因此能不能抓住買賣時機、準確地進行買賣，就是提高投資表現的關鍵。那麼，買賣時機究竟該怎麼計算呢？震盪分析正是為了解決這個疑問而誕生的。在具體學習震盪分析之前，我想先向各位介紹最具代表性的兩種震盪分析圖表。第一種是RSI（Relative Strength Index），而另一種則是被稱為MACD（Moving Average Convergence Divergence）的技術指標。光看名字或許會覺得它們好像很難，但其實它們的原理非常簡單，也能十分有效地分析出買賣時機。

具體的買賣時機是？

那麼接下來將解釋實際上是如何計算買賣時機。大家認為買賣時機到底應該怎麼計算才好呢？此外，所謂的買賣時機，究竟又是什麼東西呢？

為了回答這個問題，美國機械工程師威爾德（J. Welles Wilder, Jr.）才想出了RSI指標。RSI的基本原理，是從買過頭和賣過頭的角度來推算買賣時機。舉例來說，假設有支股票連續漲

5-01 RSI的計算公式

（N日間股價漲幅總和）÷（N日間漲幅總和＋N日間跌幅總和）×100＝RSI

例①：14天每天持續買進（上漲）的情況
N＝14日，N日間漲幅＝100日圓，N日間跌幅＝0日圓
100日圓÷（100日圓＋0日圓）×100＝100%

例②：14天每天持續賣出（下跌）的情況
N＝14日，N日間漲幅＝0日圓，N日間跌幅＝100日圓
0日圓÷（0日圓＋100日圓）×100＝0%

例③：一定時間內上升幅度和下跌幅度相等的情況
N＝14日，N日間漲幅＝50日圓，N日間跌幅＝50日圓
50日圓÷（50日圓＋50日圓）×100＝50%

了一個星期，大家會怎麼認定這支股票呢？又或者不只一個星期，而是連續兩個星期持續有買單進來又如何呢？只要用這種方式思考，就能逐漸理解ＲＳＩ的概念。

假如某支股票連續一星期，或是連續兩星期被持續買進，股市上常會說這支股票已經「過熱了」。換成更簡單的說法，就是已經被「超買」了。那麼，若是相反的情況又是怎麼樣呢？假如一支股票連續一到兩個星期被持續賣出，一般都會認為這支股票已被「超賣」了。不過，股票很少會像這樣連續兩個星期被持續買進或賣出，比較多是在每日看似隨機的波動中緩緩移動，等到察覺時已然攀上高點或是跌至谷底。

因此，威爾德才想到要將「超買」和「超賣」的概念用數學公式轉換為數值。而這就是ＲＳＩ。

那麼，接著請各位看表５－01的計算公式。表中除了實際的公式外，為了方便各位理解，還加入了三個具體的例子。一如表中的公式所示，只要將一定時間內股價漲幅的總和，除以漲幅的總和加跌幅的總和，算出股價漲幅占整體價格變動的比率，便能不被每天的價格波動所迷惑，得以判斷股票是否已被買賣過頭。

接著請各位看看例①。例①是股價因連續14天買進而上揚的例子。無論每天的漲幅如何，若連續14天內股價一次也沒有下跌的話，ＲＳＩ便為１００％。而例②是連續14天內股價一次也沒有上漲，持續賣出的情況。這時則跟前例上漲時相反，因為連續14天都是下跌１００點、上揚０點，故ＲＳＩ為０％。

RSI的上下限是固定的

看到這裡，不知道大家是否發現了ＲＳＩ的特徵。只要看看圖表，答案應該非常明顯才對。提示就是，ＲＳＩ具有一項動量指標沒有的東西。

答案就是上下限。動量指標的數值沒有上限和下限，但ＲＳＩ卻有１００％的上限和０％的下限。因為有固定的上下限，所以使用ＲＳＩ時，不需要煩惱股價到底會不會持續上揚或下跌的問題，無論是初學者或中高級者都能迅速用來判斷並計算買賣時機。

那麼，讓我們繼續來看第三種模式。第三種模式，是漲幅和跌幅恰好相等的情形。這種模式雖然每天上升和下滑的幅度不一樣，但在一定時間內的升幅和跌幅總和恰好相等，故ＲＳＩ為50％，介於上限１００％和下限０％的中間位置。箇中道理用常識去思考也能理解，既然上升和下跌的幅度一樣，代表股票既沒有買過頭也沒有賣過頭，因此可以想像剛好會落在中間值（Neutral）。

70％以上代表「超買」，30％以下則為「超賣」

那麼使用ＲＳＩ時，到底多少程度才算超買，多少程度才算超賣呢？關於超買和超賣的判斷標準，不一定要達到１００％或０％。**因此，發明者威爾德本人認為，以14日為標準，當ＲＳＩ達到**

5-02 RSI與股價的關係示意圖

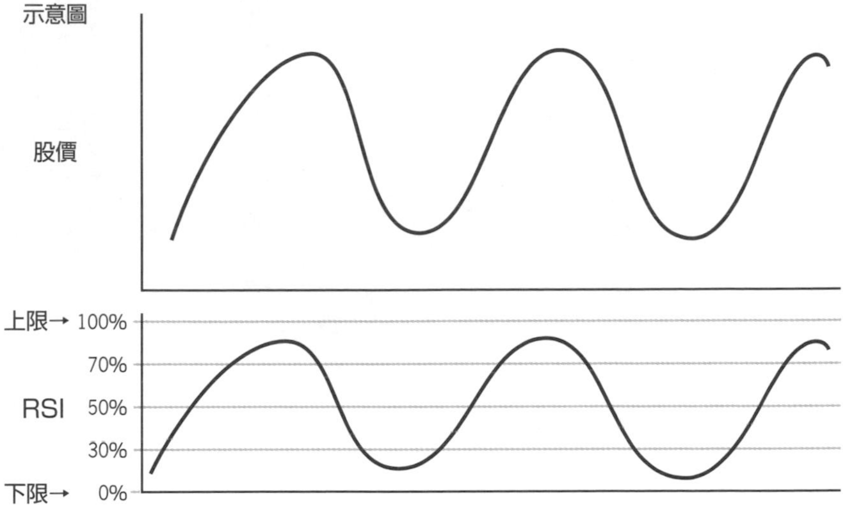

70%以上為超買，30%以下則為超賣。不過，這並不是要大家在RSI達到70%時馬上賣出，達到30%時馬上買進。後面的章節我們會再具體解說計算買賣時機的有效方法，**但對股票持有者而言，基本上RSI超過70%即為警戒區；而對打算買進的人而言，30%以下則可開始考慮進場。**

只要掌握箇中訣竅，RSI其實是非常好理解的技術指標，使用起來也不困難，不過逐漸習慣後會出現幾個必須留意的點，這是提升買賣判斷能力一定要知道的，之後我們也將依序介紹。

02 使用ＲＳＩ判斷買賣時機的案例

實戰時須注意進場時機

接下來將開始解說如何實際進行買賣判斷。前面曾說過，ＲＳＩ的特徵是數值介於０～１００％之間，而買賣時機就是利用ＲＳＩ是否達到超買或超賣的標準來計算。坊間一般的技術分析書只會說明ＲＳＩ的標準，要投資者在達到超買基準時賣出，或在達到超賣基準時買進。然而，實戰時若對進場時機多下點工夫，之後的買賣就會更加順利。故本書將從ＲＳＩ的基本看法，連同以上所說的這些工夫一併進行解說。

重要的是能否看出反跌或轉漲的時機

那麼請各位看看圖表。舉在東証一部上市的Daikoku電機的股票為例。上半部為K線圖，下半部為ＲＳＩ。之前也說過很多次了，ＲＳＩ的範圍介於０％到１００％之間，是利用股票是否超買或超賣來推算買賣時機。因此，請比較看看Daikoku電機的K線和ＲＳＩ。由圖可以看出在股價變動的過程中，ＲＳＩ幾乎是跟股價一起上升和下降。因此我們可以確認，只要在ＲＳＩ超過70％或75％、股票超買時賣出，就能賣在高點附近；若在ＲＳＩ跌破30％、股票超賣時買進，也幾乎能買

5-03 Daikoku 電機（6430）的股價和 RSI

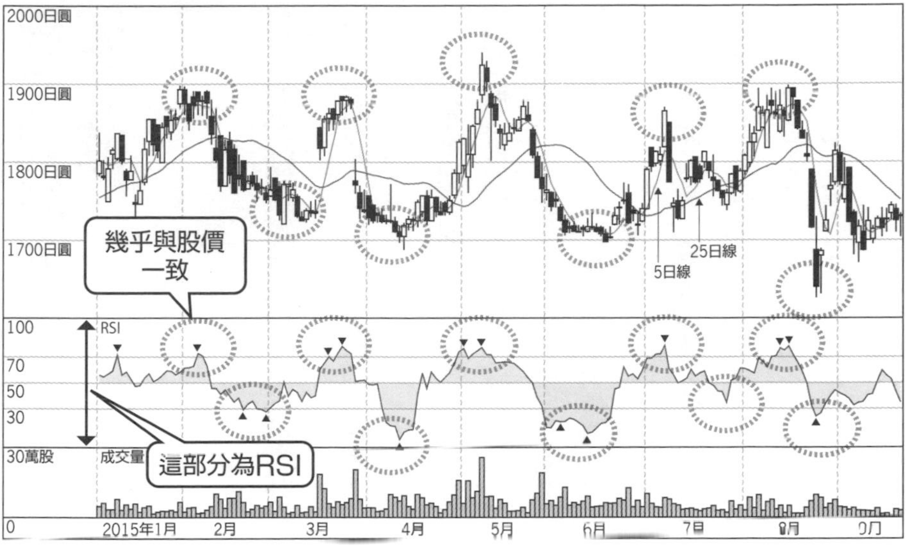

在低價區，可以出色地算出買賣時機。

不過，最佳的賣點其實不是RSI超過70%線，而是在跨過70%後開始反跌的時候。同時，最佳的買點也不是跌破30%的當下，而是跌破30%線後，股價和RSI同時轉漲的時候。如果手上握有很多張股票的話，也可以在RSI超過70%時先賣出一部分。

這是因為雖然大部分的人都會選擇在股價上漲後一口氣賣出所有股票，但股價在上漲時常會暫時回檔後又繼續上揚，故賣出持股時不一次賣出，可以更有效地增加獲利。

另一方面，在下跌趨勢中為了防止虧損擴大，必須一次賣出手中的股票，不要分批賣出才是上策。

03

買賣判斷的重要指標 50％線

RSI是判斷買氣和賣壓是否增強的材料

接著將解說如何以50％線進行買賣判斷。至於為何是50％線，那是因為50％線是非常重要的判斷參考點。

這次所舉的股票是SHIMAMURA Co., Ltd.（8227）。

一如前幾節說明過的，50％線代表介於超買和超賣的中間狀態。因此依據股價在50％線上的傾斜方向，便能推測現在是買氣較強還是賣壓較強，在某種意義上，跟動量指標有著類似的功能。如果把RSI的50％線比喻成動量指標的0線，或許會更好理解吧。

RSI跨過50％線，股價也會上升

RSI是否超過50％往70％邁進，又或是跌破50％靠近30％的位置，具有非常重要的意義，可用以進行買賣判斷。

那麼讓我們來看看在實際買賣時，有哪些易於買賣判斷的情況吧。

首先是關於買點的判斷。由左圖可以看出，RSI在2015年1月27日跨過50％，K線也同

5-04 RSI 指標的 50%線與股價的關聯性

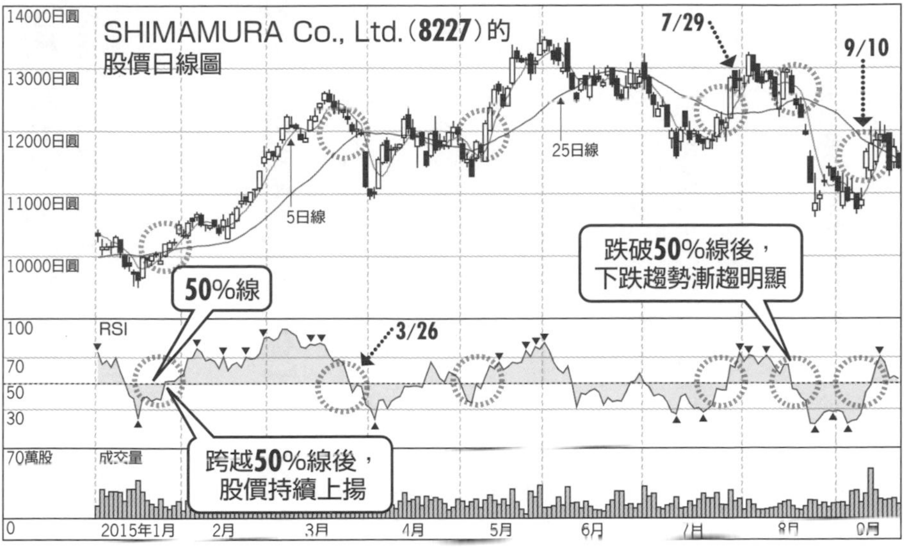

步超越移動平均線後，股價便開始持續上揚。而7月29日RSI跨越50%的時候，股價也同樣向上超越5日均線，然後持續上升。此外雖然比較短暫，但9月10日RSI跨越50%時股價一樣上漲，而當5月13日RSI暫時跌落50%線又快速拉回後，股價便一路漲到了最高點。

RSI跌破50%，代表股價轉為下跌

另一方面，3月26日RSI跌破50%時，股價雖然仍在25日移動平均線上方推移，但隨後就開始大跌。

還有8月18日RSI跌破50%時也是，股價當時雖然仍在25日均線上方，但之後便轉入下跌趨勢。由以上例證可看出，當不知道該不該賣出時，RSI的50%線便可作為最後的判斷基準。

因此，50%線是買賣判斷的重要基準。

04. 可幫助分析股價走勢的發散型態和收斂型態

RSI的重點跟動量指標一樣在於「水位」

一如前面我們一起看過的內容所述，相信各位已經明白ＲＳＩ是非常簡單好用的技術指標。而除了30％的「超賣」、70％的「超買」，以及ＲＳＩ值是否跨過50％線外，ＲＳＩ指標還有其他能當成買賣參考的用法。那就是之前在介紹動量指標時講解過的「水位」。動量指標是比較10日前的股價和現在股價的落差，從上升幅度來判斷股價的力道，而ＲＳＩ則是用實際股價漲幅占總股價波動幅度的比率，來推導究竟是上漲的力道較強，還是下跌的力道占優勢。至於ＲＳＩ和動量指標的共通點，則是這兩者都會發生背離現象。

之前我們曾說過，假使股價刷新高點，動量指標卻在高點前就轉跌，無法突破前一波高峰，就代表漲勢已經趨緩，才會出現股價和動量指標背離的現象，此為賣出的訊號，而ＲＳＩ也有相同的現象。這種現象稱為發散背離（Divergence）和收斂背離（Convergence）。

判斷天頂和底部形成的指標

那麼讓我們來看實際的圖表。舉DAIHEN（６６２２）的股票為例。在此我們將一併解說發

5-05 RSI 的發散和收斂

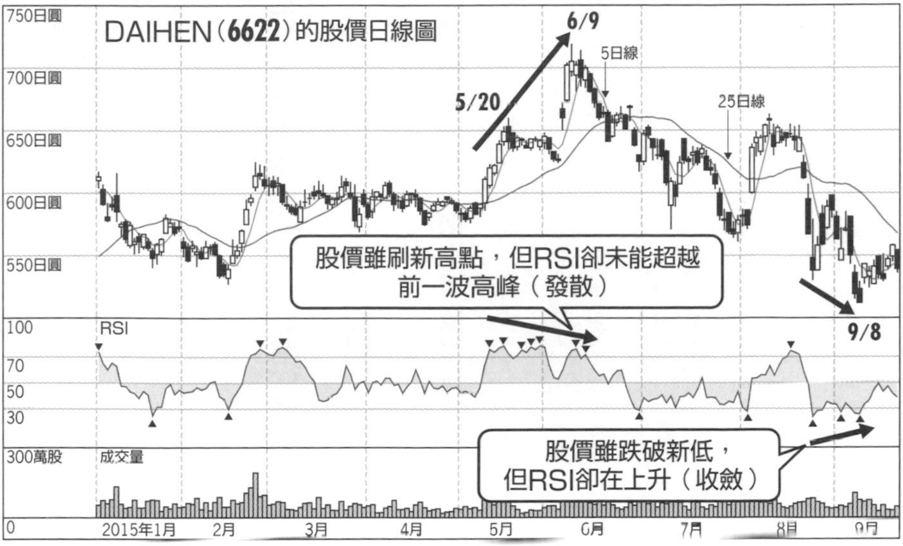

散和收斂兩種背離型態。首先是發散背離。圖中可見股價在5月20日到6月9日間一度停滯不前，之後又急速飆漲，衝上高點，但RSI卻沒有跨過前一波高點，反而緩緩下落。這代表到達6月9日高點前14天內的漲幅比率，比到達5月20日高點前14天內的上升幅度更低。這顯示股價雖然創新高，但買進力道卻已減弱，是賣出的訊號。

另一方面，9月8日的收斂現象則恰恰相反，股價雖然連創新低，但跌幅占整體波動的比率卻逐漸縮小，暗示底部即將到來，屬於買進的訊號。

特別是在至今已舉例過多次的融券買賣的場合，為了確保獲利，一定要在這個時候回補。另一方面，如果是買進新股的話，則不應該一次投入所有資金，而是要在上升趨勢確定前最低限度地買進，也就是所謂的試探性買進，重點在於當股票未如預期轉漲時，將因跌價造成的損失降至最低。

05

使用RSI時的注意事項

參考RSI時也要一併進行趨勢分析

RSI除了能告訴我們買賣時機外，也能類似動量指標告訴我們買氣和賣壓的強度。

股價明明在上升，卻出現賣出訊號

以下將解說使用RSI時須注意的地方。請各位參見左頁山洋電氣（6516）的股價圖，股價在左半部呈現上升，右半部則是下跌，其實，像這種股價持續上升或下跌時，正是RSI最容易出現錯誤訊號的時候，務必要注意。首先請看5月以前的部分。圖中顯示，股價在2015年2月27日向上突破25日移動平均線後便一直上揚，但反觀RSI卻在跨過70%後反跌，並出現7次賣出訊號（眼圖中三角標誌處）。所謂的「眼圖」是本人發明的技術圖標名稱。三角標誌則是用來提醒注意的訊號，也是本人原創的發明（已取得專利）。由於股價持續上升時特別容易出現賣出訊號，若按照訊號賣出的話，之後不會再出現買進訊號，因此就會錯過搭上上升趨勢獲利的機會。

在賣出訊號出現時了結獲利並沒什麼不好，但由圖表可以發現，之後的上漲期間不僅沒有出現買進訊號，RSI甚至未曾接近50%線，在賣出後根本無法推算買進時機，完全失去功能。**像這種**

5-06 錯誤賣出訊號和買進訊號產生的例子

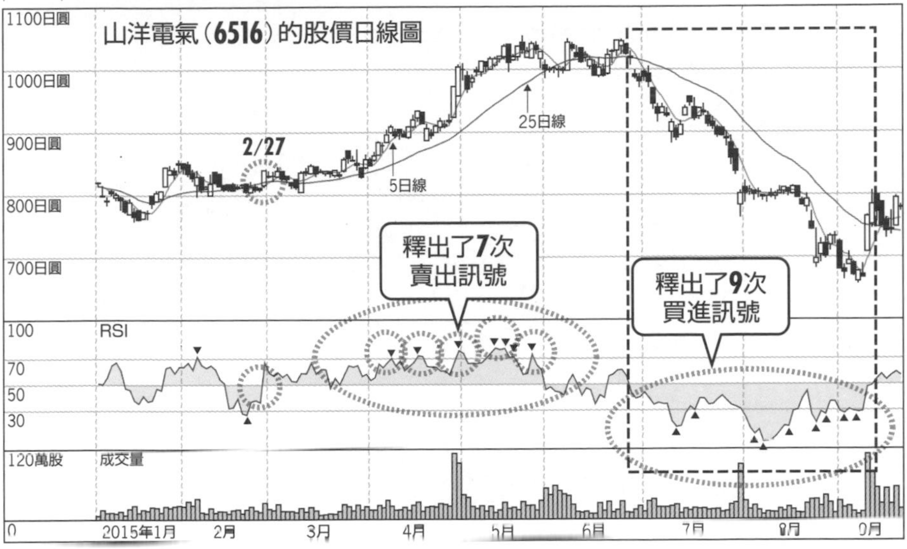

賣出訊號頻繁發生的原因，乃是由於上升趨勢太強。RSI顯示的是股價在14天內的漲幅比率，這個比率如果一直很高，RSI就不會跌至50%下，而會維持在70%前後。像這種**股價一直維持高漲幅比率、買氣強勁的情況下，RSI便會頻繁出現賣出訊號，而且一旦賣出便難以買回，很可能會徒留遺憾。**

股價持續下跌卻出現買進訊號

接著我們來看圖表中6月以後的部分。觀察方框內RSI的部分，可以發現RSI曾9次在30%的地方反轉。這9個地方，RSI都一度跌破代表超賣的30%線後反彈，但看看RSI之後的變化，反彈後不僅都沒有達到代表超買的70%線，甚至連買賣超的中間線50%都沒碰到。這樣一來，要是在看到訊號後買進，由於買進後股價又繼續下跌，若是錯過賣出的時機，不僅無法獲利，甚至會導致虧損擴大。

而這種買進訊號頻繁出現的原因，和賣出訊

5-07 錯誤買進訊號產生的例子

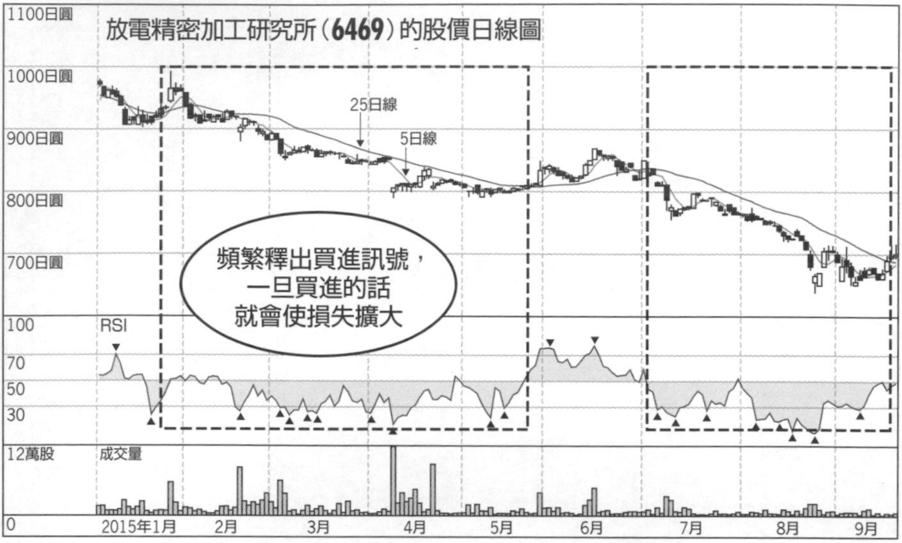

號頻繁發生的原因相反，是由於14天內的漲幅比率一直維持在低比率所致。因為股價的漲幅比率始終很小，無論怎麼想都很難認為股價會轉為上漲，就算買進，之後也很容易錯失賣出的時機。

其他錯誤買進訊號出現的例子

接著讓我們再來看看另一種買進訊號頻繁出現的例子。所舉的例子為放電精密加工研究所（6469）的股票。股價在9個月內幾乎一直在下跌。然後再看看RSI。2月股價稍微進入橫盤後又立刻轉跌，直到5月下旬股價恢復到25日均線上方前的這段時間，RSI不僅一直停留在50%線下，還頻繁在30%處反彈，釋出買進訊號。

此外，6月股價短暫在25日均線上方停留後，又再次下跌。跌破25日均線後，RSI幾乎都位於50%線下，並於30%處反彈，頻繁釋出買進訊號，一旦買進的話就會使虧損擴大。**所以使用RSI時，務必要進行趨勢分析，並配合分析**

5-08 藉由縮短RSI的時間長度來應對股價變化

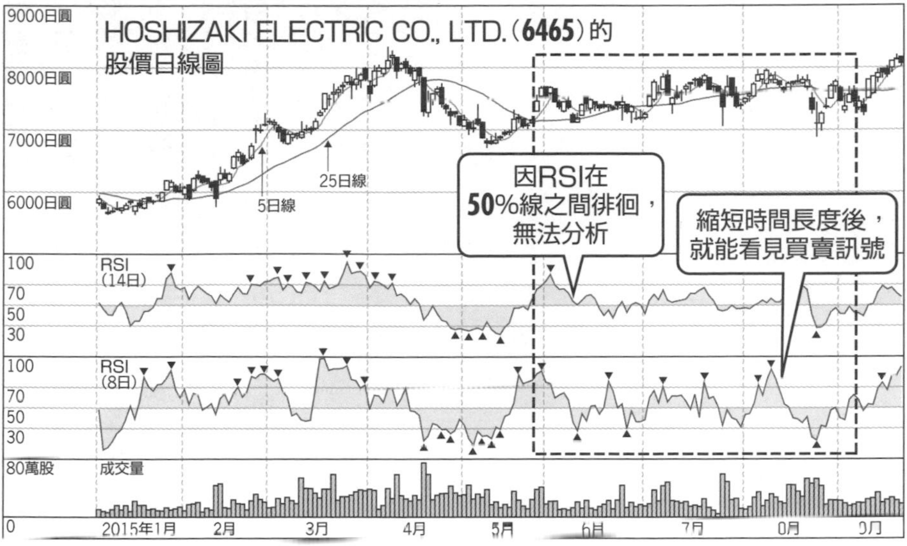

結果進行判斷。

利用配適找出正確訊號

最後我想說明一下使用ＲＳＩ的50％線時須注意的事項，以及如何為ＲＳＩ進行配適。

50％線是ＲＳＩ判斷買賣超訊號的中間線，也是買賣判斷最後的關鍵。若ＲＳＩ跨過50％線則買進，跌破50％線則賣出，可說是判斷進場和設定停損點時不可或缺的工具。

另一方面，ＲＳＩ本身就不易顯示股價的趨勢，當上升或下跌趨勢持續時，會頻繁產生賣出或買進訊號，因而失去原本的功能。

實際上50％線在特定情況下也會失去功能。只要檢視ＲＳＩ的計算公式應該就會發現，當股價在小範圍內橫盤搖擺、價格波動不明顯時，ＲＳＩ便會在50％線上來回飄移，無法計算進場的時機。

關鍵是縮短時間

接下來請各位看看163頁的圖表。圖中有兩種RSI，我們先從上半部的RSI開始看起。方形區塊內，可看到RSI在50%線來回移動，而且沒有定向。如果用50%線原則進行買賣判斷，只會徒然增加買賣次數，難以賺取利益，甚至可能出現損失。另一方面，下半部則是經過配適的RSI。這裡我們將RSI的時間長度縮短為8日。配適後的RSI在穿越50%線時的幅度不僅更明顯，還能有效產生超買和超賣的訊號，當股價在小範圍內波動時有助於進行買賣。

當RSI跟不上股價的變動時，只要像這樣縮短時間長度就能有效應對，請各位務必牢記。

06

什麼是可以同時分析趨勢和買賣時機的MACD？

MACD是Moving Average Convergence-Divergence的開頭字母縮寫。這類圖表在日文中，又被稱為移動平均收斂發散法。MACD是由傑拉爾德・阿佩爾（Gerald Appel）發明的技術指標，除了可進行技術分析外，還包含數個非常令人敬佩的要素。

MACD是由MACD本身和其移動平均線的訊號線這兩條線所組成，從其日文名稱也可看出，它是同時兼具趨勢分析和買賣時機分析兩者的技術分析工具。日文名稱中的移動平均，是與介紹趨勢分析時講解過的移動平均線類似，但經過改良而成的平滑移動平均線。因此，具有比移動平均線的黃金交叉和死亡交叉更快算出買賣時機的特徵。

至於收斂發散法，其英文原文則為Convergence-Divergence。沒錯，這個收斂和發散也是前面已經解說過的東西。它不但具有這些特徵，還能像RSI一樣告訴我們買賣時機，MACD可說是萬能的技術分析工具。

從典型的圖表來看MACD的特徵

那麼，就讓我們來看看MACD的圖表長什麼樣子吧。圖表下半部是MACD的圖形，縱軸為MACD的水位，橫軸則為時間，中央可見有條像動量指標一樣的0線。這條0線正是判斷趨勢的

5-09 樂天（4755）股價日線圖中的MACD

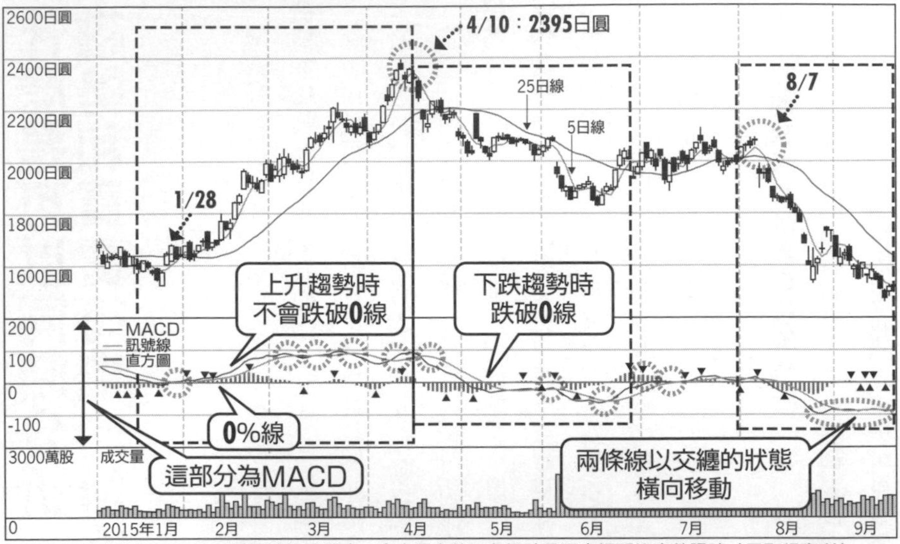

※直方圖代表的是MACD和訊號線的乖離度。直方圖上的三角標誌是用來提醒注意的訊號（已取得專利）。

關鍵，請務必記住。圖中為樂天（4755）的股價。

比較上半部K線和移動平均線圖與MACD，可以發現一件有趣的事。簡單地說，當股價維持上升趨勢的時候，MACD會維持在0線上方推移；而當股價進入下跌趨勢後，MACD便會跌破0線。

舉例來說，上半部的K線圖中，股價在1月28日越過25日均線後，在5日和25日均線的支撐下一路上升到4月10日的2395日圓，期間MACD在接近0線的位置與訊號線交叉後，直到4月10日前的這段時間，MACD曾四度與訊號線交會，同時緩緩上升。

除此之外，K線在4月10日觸頂轉落，MACD也與訊號線交叉後一同向下，直到股價跌破25日均線時，MACD與訊號線也在5月13日跌破1月28日時沒有跌破的0線。接著股價在8月7日一口氣跳水，跌破

5-10 MACD 的主要特徵和同類

【構成】

MACD與其訊號線共2條線

【特徵】

・可同時顯示趨勢與買賣時機兩者的優秀指標

・使用平滑移動平均線，買賣訊號比普通移動平均線出現得稍快

【解讀法】

・從MACD與訊號線的交叉型態來判斷買賣

・從MACD是否升破或跌破0線來判斷趨勢

【與其他技術指標的比較】

	趨勢	力道	買賣時機	特徵
動量指標	×	○	○	可確認力道是否會持續
RSI	×	○	○	可判斷買賣時機
MACD	○	○	○	可判斷趨勢與買賣時機

25日均線後持續向下，MACD也跟著持續跌破0線，然後與訊號線以交纏的狀態橫向移動。

如上所述，當MACD從上方跌破訊號線時，就是MACD的賣出訊號；相反地當MACD由下升破訊號線時，就是買進訊號。藉由兩條線的交叉情況，不僅能計算買賣時機，還能從MACD是否升破或跌破0線判斷股價的趨勢。而且MACD的買賣訊號比5日或25日均線的死亡交叉賣出訊號，以及黃金交叉的買進訊號更快產生，可以比移動平均線的交叉更快得知買賣時機。

07

瞭解MACD的基本和原理

反應更快是因當日股價的比重增為兩倍

ＭＡＣＤ雖然同樣使用移動平均線，但釋出訊號的速度卻比普通移動平均線更快，其實是有原因的。之前也說明過，這是由於ＭＡＣＤ使用的是平滑移動平均線（ＥＭＡ）。

平滑移動平均線的原理跟普通的移動平均線大致相同。5日平滑移動平均線就是將近5日的股價平均後，每天計算一次，雖然平滑移動平均線的計算原理跟普通移動平均線一樣，但卻有一點不同。那就是當日股價所占的比重。通常移動平均線的平均日數愈長，單日股價的變動對移動平均線的衝擊就愈小，移動平均線較不易產生急遽變化。由於這種計算方式會弱化市場的變化，當股價突然暴跌、出現死亡交叉，或是突然急漲、出現黃金交叉時，便無法及時看出，但平滑移動平均線的做法則把當日股價的計算比重增為兩倍，故反應的速度較快。

自己試算看看ＭＡＣＤ吧

計算方式如下。第一日：１００日圓，第二日：１０５日圓，第三日：１１０日圓，第四日：１１５日圓，第五日：１２０日圓，第六日：１２５日圓，依此類推，假設股價每天依序上漲5日

5-11 普通移動平均線和 MACD 使用之平滑移動平均線的比較

	普通移動平均線	平滑移動平均線
算法	各日收盤價的平均值	當日收盤價的比重較大
特徵	可判斷股價趨勢，但買賣訊號會較遲出現	訊號線也是由MACD構成，故買賣訊號較快出現

圓。那麼，普通的移動平均線應是（100＋105＋110＋115＋120）÷5＝110日圓。至於平滑移動平均線則為（100＋105＋110＋115＋120×2）÷6＝111.66日圓，比普通移動平均線稍微高一點。如上所述，平滑移動平均線的反應速度比普通移動平均線更加靈敏。此外，由於訊號線也是由MACD構成，故同樣比普通的移動平均線反應更快，可更早釋出買賣訊號。

不把K線和平滑移動平均線畫在一起的原因

解說至此，可能有人會覺得奇怪，為什麼不把K線和平滑移動平均線畫在一起呢？的確，既然平滑移動平均線的反應較快，跟K線一起列出的話，不是更好進行分析嗎？當然，確實也有人在畫K線圖時不使用普通移動平均線，而採用平滑移動平均線。只不過這樣一來的話，它的用法就變得跟移動平均線幾乎一樣，無法用在以0線為基準的MACD進行簡易趨勢判斷，和接下來將解說的部位判斷。

MACD的兩條線其實是由三條線形成的

為了回答這個疑問，接著讓我們來看MACD到底是怎麼畫出來的吧。

在此我要問大家一個問題。前面我們曾說過，MACD指標是由MACD線和其訊號線這兩條線所組成的，若是這樣的話，MACD照理說不該是前一

實際計算公式

MACD＝12日EMA－26日EMA

訊號線＝MACD的9日EMA（訊號線以9日為單位）

股價上揚（上升趨勢）時，12日EMA和26日EMA的位置關係？

12日EMA＞26日EMA

股價下跌（下跌趨勢）時，12日EMA和26日EMA的位置關係？

12日EMA＜26日EMA

→12日EMA－26日EMA結果是正值時為上升趨勢

→12日EMA－26日EMA結果是負值時為下跌趨勢

節的那種圖表，應該長得像移動平均線那樣。聰明的讀者或許已經發現了，其實這兩條線並不只兩條線，而是由三條線組合而成的！「咦，這是怎麼回事？」有此疑問的人，請仔細閱讀接下來的說明。

這三條線中，其中一條是MACD的移動平均線，而這條MACD均線又是由12日平滑移動平均線和26日平滑移動平均線的差離值計算而成。其實，這就是0線的重點。

兩條平滑移動平均線的差離值

這可說是傑拉爾德．阿佩爾的天才之處。舉例來說，普通移動平均線的道理也是一樣，請各位回想一下上升趨勢的定義。在上升趨勢中，股價位於最上方，而移動平均線的排列位置，由上而下分別是短期線、中期線、長期線。若說這三條線的排列順序代表著上升趨勢，那麼把這個狀態轉換成數值的話，會是什麼樣的公式和數值呢？沒錯，依照數值大小，上升趨勢中的順序應是股價＞短期線＞中期線＞長期線。

不過，因為一個一個確認順序非常麻煩，於是傑拉爾德想到，能不能將之轉換為可以一目瞭然、直接導出結果的公式，呈現在圖表上呢？

由於處於上升趨勢時股價經常在短時間內上升，因此可得出短期線EMA－中期線EMA的計算公式，若算式結果為正值，則可認為上升趨勢將持續；若結果為負值，則股價可能轉入下跌趨勢，而將此計算圖表化後的結果就是MACD。也因為MACD是依此原理產生的，所以可同時判斷趨勢和買賣時機，是十分優秀的指標。

根據MACD值在0線上下來決定部位

接下來我們將解說如何利用0線來進行買賣判斷和建立部位（做多或做空）。當MACD和訊號線都在0線上方時，由於代表股價處於上升趨勢，故可搭上趨勢，進場做多。

因此初學者在考慮買進新股的時機時，還有中高級者如果有多餘資金，想投資新股確實增加獲利的話，在此時增加持股或是買進其他股票是基本的投資戰略。

另一方面，當MACD指標在0線上方出現賣出訊號時，若手中持有股票，就是獲利了結的時機。此外，中高級的投資者務必要小心不要在此時融券賣出。至於當MACD指標在0線下方釋出買進訊號時，可認為股價正處於下跌趨勢，不妨選擇暫時觀望，或投入少量資金稍微買進（試探性買進）。

之後，如果MACD和訊號線都跨越0線的話，便可考慮正式進場買進，但仍要注意部位不宜太大，同時若指標最終沒有跨越0線，一定要將手中持股全部出脫。

最後，若指標在0線下方出現賣出訊號，手中有持股的人，應在進一步下跌前迴避損失，尤其有進行融資的初學者務必要在此時償還（停損）。就算在那之後隨即出現買進訊號，但由於出現在0線下方的買進訊號有可能只是一時跌深反彈，因此只要MACD和訊號線沒有跨越0線，就有可

5-13 用 MACD 建立部位的方法

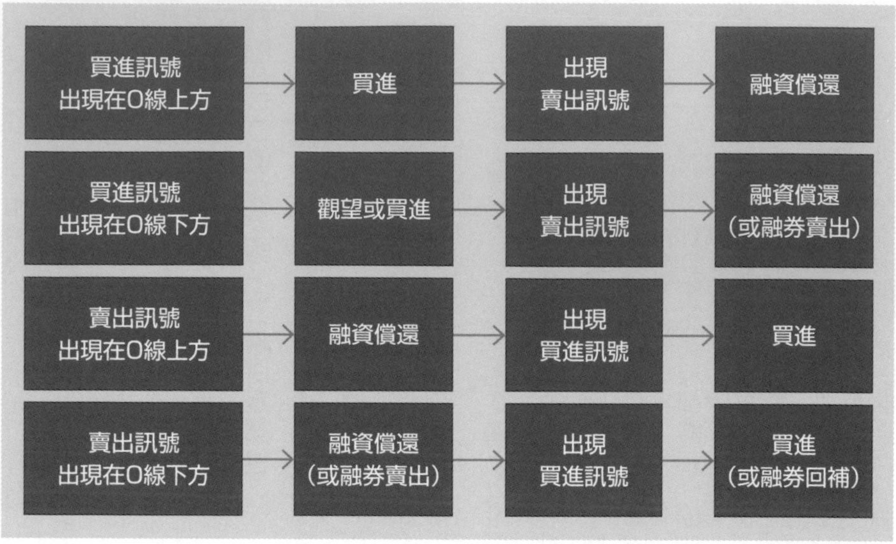

能再度轉入下跌趨勢導致損失擴大，一定要小心。另一方面，在下跌趨勢中出現賣出訊號時，中高級投資者可選擇融券賣出，在下跌局勢中積極進行買賣。如上所述，依MACD和訊號線與0線的相對位置不同，買賣戰略也會跟著改變，請各位一定要記住。

8 觀察MACD的高低差，提高投資表現

收斂和發散的辨別方法並不難

最後，讓我們一起來看看MACD的水位，檢視MACD的全稱中也提到的收斂和發散型態。

留意MACD的交叉點

舉JFEHD（5411）的股票為例。

JFEHD的股價於1月16日在75日均線的支撐下反轉向上。同時MACD也出現交叉並越過0線，可知股價進入上升趨勢。此後股價雖一度跌落25日均線下方，但仍繼續上升，直到2月26日的高點。

另一方面，股價到達高點後觸頂反轉，跌破仍緩緩上升的75日均線，但MACD隨即在不遠的位置出現交叉並產生買進訊號後，股價又再度轉升，攀升到6月4日3081日圓的高點。

這時的高點已經高過2月26日的高點，也就是所謂的新高，但反觀MACD卻向右下傾斜，出現股價和MACD的背離現象，此為發散背離的型態，應是賣出的時機。

5-14 MACD 的發散和收斂現象

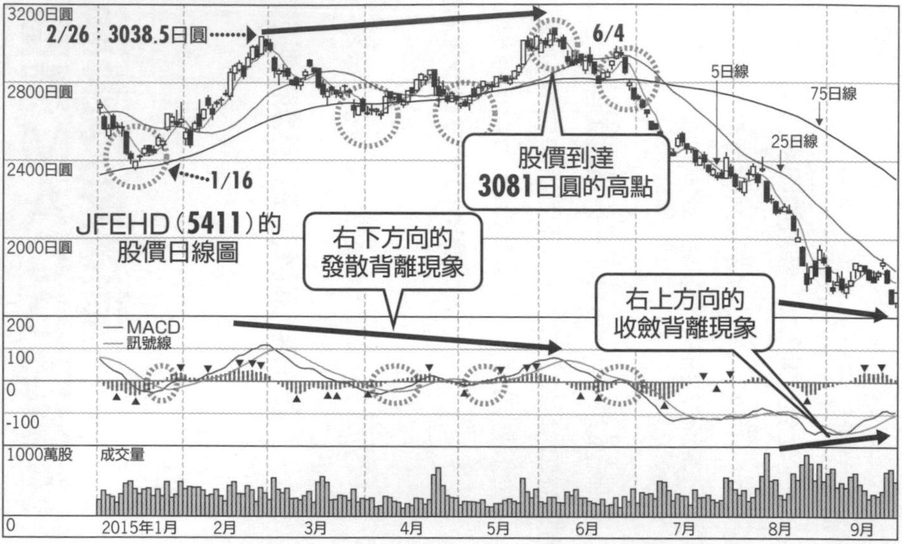

觀察MACD便可避免極端的方向判斷

接著再來看看發散背離發生後的股價動向。股價被5日均線和25日均線壓回之後，持續下跌。

然後一路跌破9月7日的低點，來到9月25日的新低。另一方面，必須留意的是MACD卻在此時觸底，開始往右上方移動，出現背離現象（收斂）。

像這樣確認MACD的水位，便能在股價頻破新高或新低、普遍認為股價極端強勢或弱勢時，冷靜地進行買賣判斷，有助增進投資表現。

9 RSI和MACD的共同點

合宜的配適可提高指標靈敏度

在詳細介紹完RSI和MACD後，接下來我想討論一下這兩種技術指標的共同點。

請各位參見176頁的圖表。圖中同時列出了這兩種技術分析指標作為比較，MACD可同時顯示股價趨勢和買賣時機。另一方面，相較於MACD和訊號線交叉處的買賣點，RSI指標的反應更快一些。其實這裡的RSI已經過配適，將時間長度由14日修正為8日。因為透過配適，RSI的買賣訊號才會比MACD交叉的買賣點提早一兩天出現。此外，就算是股價動向遲鈍、幾乎呈現橫盤的地方（方框內區域），只要調整RSI的時間長度，就能像圖表所示一樣畫出靈敏的RSI指標。

要小心錯誤訊號出現

另一方面，MACD也存在微調的空間，可透過配適更精確地顯示趨勢和買賣訊號。不過，一如圖表右端的方框內所示，在下跌趨勢持續的地方，MACD和訊號線都在0線下方橫向推移，無法算出買賣點。此外，經過配適的RSI遇到這種情況也會跌落30%，頻繁釋出買進訊號，但這卻

5-15｜RSI和MACD並列的股價圖

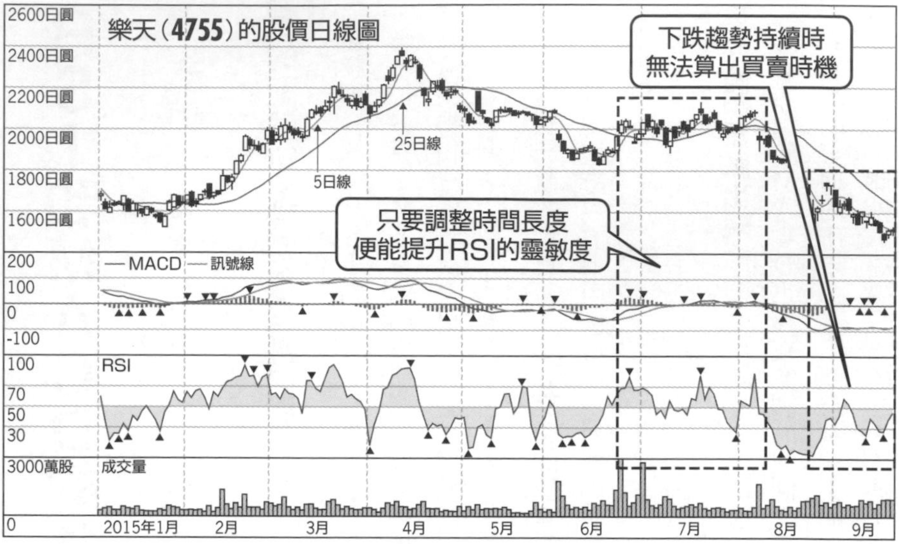

是錯誤訊號，一旦買進的話就會導致失敗。如上所述，無論是MACD或是經過配適、反應更快的RSI，都可能在下跌趨勢中釋出錯誤的訊號，必須注意。

順帶一提，關於MACD的配適有很多種方式。第一種是縮短時間長度。就跟其他技術指標一樣，可將平滑移動平均線的計算日數從12日縮短為10日，或是從26日縮短為20日等。除此之外，只要活用MACD和訊號線的差離構成的直方圖，就能比MACD的普通訊號更快看出買賣時機。只要看看在我發明的眼圖中，標註於直方圖上的三角標誌，就能發現三角形的位置跟配適後的RSI幾乎是吻合的。

10 RSI和MACD的不同點

依自己的喜好和投資風格選擇工具

ＲＳＩ和ＭＡＣＤ兩者各有優點，想必很多人都在煩惱到底應該使用哪一個才好。

只有一條線的ＲＳＩ在依個股的價格變化進行調整時比較簡單，當股價在一定範圍內波動時，只要將計算日數設定為14日，便能充分發揮功能。此外，遇到股價變化快速的股票，或是價格波動幅度較小、趨勢不明顯的時候，也能藉由配適縮短時間長度，使之發揮最大的功用。

另一方面，ＭＡＣＤ可同時判斷買賣時機和股價趨勢，具有其他技術指標所沒有的優點，可運用在部位建立和買賣戰略上。考慮到以上這些因素，對於只是單純想享受投資樂趣的人，或許ＲＳＩ會是比較適合的分析工具。

而對於已十分熟悉股票買賣，在享受投資樂趣的同時也想挑戰信用交易，目標是成為中高級投資者的人，或是希望在下跌趨勢中也能獲利，對部位管理有興趣的人，除了ＲＳＩ之外，不妨徹底理解ＭＡＣＤ的看法和用法，將其運用在實戰中。

5-16 RSI與MACD的重點比較

	RSI	MACD
優點	適合單純的買賣方式，可自行進行配適	不僅可用於單純的買賣，也可活用於信用交易等戰略性的部位管理
缺點	強趨勢產生時會出現錯誤訊號	強趨勢產生時會出現錯誤訊號

從趨勢分析開始慢慢提升投資技巧

當然，只要是自己喜歡且符合本身的投資風格，無論選擇哪種技術指標都沒關係，不過為了避免因錯誤訊號而造成損失，使用ＲＳＩ和ＭＡＣＤ時一定要搭配趨勢分析或動量分析。特別是初學者，請從趨勢分析開始逐步提升自己的技能。

更快找出MACD的買賣點

最後我想解說一下由本人發明的提醒訊號（已取得專利）。這個提醒訊號可以在ＭＡＣＤ的買賣訊號出現前，早一步提醒我們。

向下的▼代表賣點（賣出時機），向上的▲則代表買點（買進時機）。此外，由於此訊號的買賣點是在訊號出現後的下一個交易日，故就算是初學者也能一邊看盤一邊推算時機。１６１頁也有相關的介紹，請各位參照。

練習問題

問題 01

下列關於RSI的說明何者有誤？

1 可看出超買或超賣
2 超買之標準為RSI值達70%以上
3 RSI的中間值為0線

問題 02

下列關於MACD的說明何者有誤？

1 無法顯示趨勢
2 可顯示買賣點
3 兩條線交叉時為買賣訊號

問題 03

RSI通常使用的時間長度為何？

1 8日
2 14日
3 25日

問題 04

MACD在下列哪種情況下無法產生明顯的買賣訊號？

1 強大趨勢產生時
2 微弱趨勢產生時
3 橫盤整理，方向性不明時

解答

問題 01

答案 3 RSI的中間值為0線

RSI的中間值為50%線。50%線可用於進行買賣判斷。詳細說明請參閱150頁。

問題 02

答案 1 無法顯示趨勢

當MACD高於0線時，表示股價正處於上升趨勢；若低於0線，則表示處於下跌趨勢。詳細說明請參閱165頁。

問題 03

答案 2 14日

一般使用的日數為14日。但可藉由配適調整時間長度。縮短日數的話可使指標反應更快，拉長的日數話則會延遲反應速度。

問題 04

答案 3 橫盤整理，方向性不明時

當股價拉鋸、方向性不明時，MACD和訊號線會呈現橫盤，頻繁出現買賣訊號而失去功能。

第 6 章

精通型態分析（股價的高點和低點）

01

記住股價位於高點和低點時的線形特徵！

從初學者到中、高級者都能運用的型態分析

本章開始將為各位解說從股價特有的形狀找出天頂（＝高點）和底部（＝低點）的分析方法。股價到達頂端或底部時，經常會形成獨特的形狀。同時人們發現這些形狀具有一定的型態，因此便將這些型態體系化，稱之為型態分析。型態分析的方法非常簡單，不管是初學者或中高級者，任何人都能學會用線形進行分析的方法。首先最重要的就是記住這些線形的形狀。而這些不同的線形，大略可分為三種。第一種是「發生在天頂的線形」，第二種是「發生在低價圈的線形」，第三種則是「股價走向不明確時出現的線形」。

底部的形狀和天頂的形狀大多只是上下顛倒

那麼以下我們將簡單說明各種線形的特徵。首先是股價到達天頂時的線形，這種圖形中最容易辨認的就是向上的三角尖。可能是一個、兩個或三個。以及與之相反，有如碗倒過來的剖面圖。此外還有梯形等各種天頂形成時經常出現的形狀。

另一方面，底部形成時的形狀，只要把剛剛說過天頂形成時的那些形狀上下顛倒過來就行了。

6-01 股價型態的主要線形示意圖

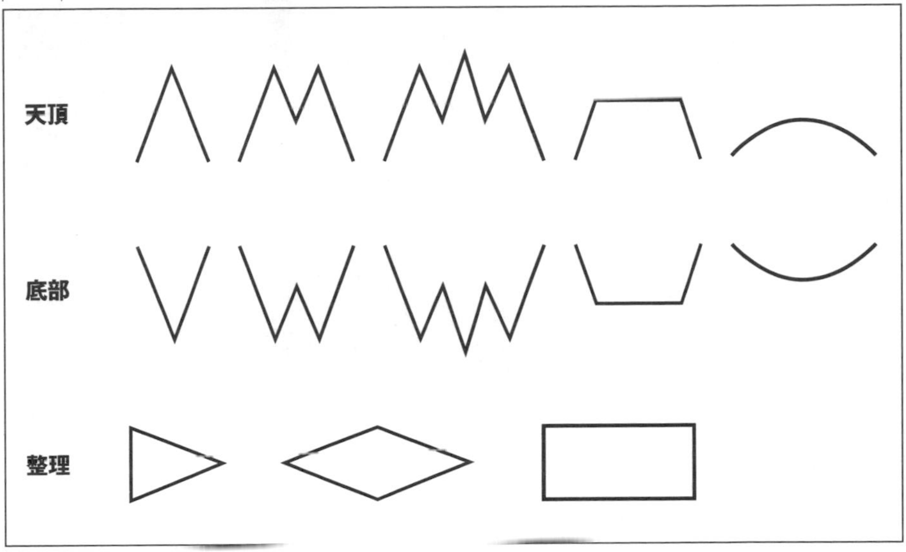

至於第三種股價走向未定時的形狀，由於股價是在一定範圍內不停來回，故會形成三角形或方形。

話說回來，這些形狀也可反映投資者的心理狀態。倒V字形的線形代表股價氣勢一口氣增強後，接著又迅速衰弱，暗示了一頭熱型的投資人心理。而具有兩、三個山形的線形，則象徵投資人的心情在樂觀與悲觀間搖擺不定。至於股價整理時的型態，則是投資者猶豫之後，樂觀與悲觀互不相讓的情況。而脫離整理的狀態後，幾乎所有投資人都朝同一個方向前進，可說是從眾心理作用下的結果。

02

型態分析不可或缺的兩個重點

確實畫好大前提的趨勢線

接著讓我們來看看代表股價天頂的圖形。將在186頁以後解說、高價圈形成時出現的圖形，一如之前在K線一節解說過的，並非一天或數天內就能成形。

時間長的時候甚至要超過一個月才會完成。因此雖然記住線形本身也很重要，但更重要的是把線形成形的過程記入腦中。這是因為只要知道天頂是如何形成的，就能在形成的過程中增減部位，思考應對的策略。

型態分析並非結果論

通常大部分的人都是在股價從天頂轉入下跌趨勢後，才看出股價的型態，很少人能在型態形成的過程中察覺。因此許多人都以為型態分析只是事後諸葛，但專業的技術分析師和真正懂得運用技術分析進行買賣判斷的人，能在事前看出「因為股價脫離這波高點（或低點）後將會形成這個形狀，故要那樣買賣」，藉此來決定投資策略。

此外，為了正確地運用型態分析，趨勢線的畫法十分重要。因此對畫趨勢線沒有自信的人，請

6-02 型態分析的基礎

判斷股價型態的重點
①關注K線的高點和低點 ②關注成交量急遽增減的時候

趨勢線的畫法
①高點連高點 ②低點連低點

其他線的畫法
沿著K線畫線

回到第3章徹底熟悉趨勢線的畫法之後，再回來學習型態分析。

留意股價的高、低點和成交量

回到型態分析的話題，進行型態分析時，有兩點一定要注意。

第一點就是股價的高點和低點。股價的高點和低點各有其代表的意義。所謂的高點就是股價再高的話就沒人要買的水位；相反地，低點則是股價再低的話就沒人要賣的水位。各自位於沒人要買、沒人要賣的水位上的高點和低點，究竟會構成什麼形狀，正是決定股價型態的重要關鍵，因此不能不留意。

第二點就是成交量。成交量可以用來判斷一支股票究竟賣得多還是賣得少。雖然股票的成交量幾乎每天都不一樣，不過我們必須注意成交量「特別多」或「特別少」的時候。

03

V頂型日線須小心急漲後暴跌

太急著買進可能會買在高點

在股價觸頂時形成的圖形中，最需要注意的就是V頂型。

V頂型一如其名，就是股價頂部有如倒過來的英文字母V的型態。看見V頂型出現的徵兆時，必須特別留意。因為這種V頂型股票形成頂部的時間非常短。此外，V頂型的股價經常一瞬間暴漲衝向頂部，然後在下個交易日或當日觸頂後就立刻跌光之前的漲幅，屬於最容易因無預警反轉而來不及逃跑的型態。

避免被V頂型股票套牢的重點

雖然V頂型股票會暴漲暴跌，但因為上漲時往往伴隨著很高的成交量，故很容易讓人以為股價還會繼續上揚。

此外，V頂型的另一個特徵就是漲速極快，這種漲速很容易激起投資人想及早跟上的心理，結果一不小心就買在高點。而股價觸頂後一旦漲勢衰弱，與此前買氣力道相同的賣壓便會瞬間湧現。同時買單減少，股價也就急速跳水。

6-03 出現4個V頂的三菱汽車（7211）的股價日線圖

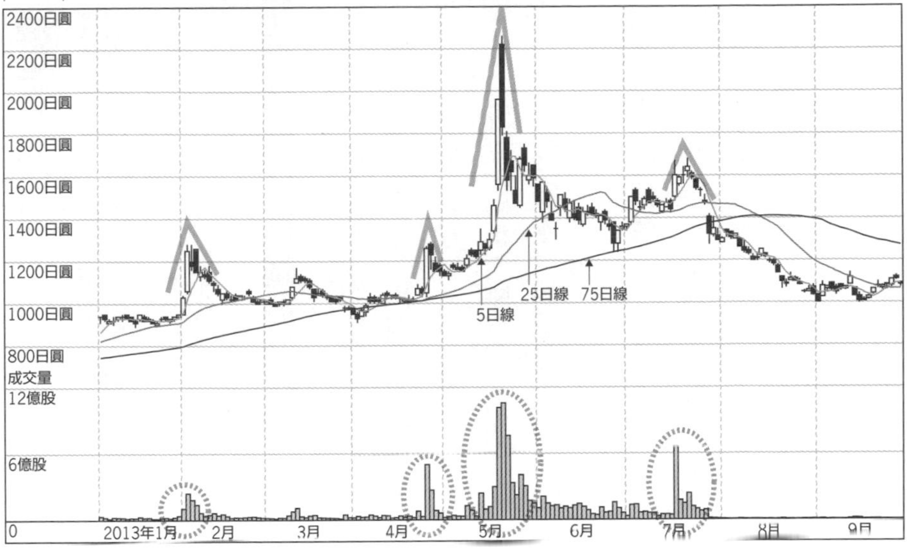

請各位看看實際的圖表。圖中所用的股票為三菱汽車（7211），線圖上一共出現了四個極端的尖頂。雖然股價經常上下波動，不過很少會出現這種極端尖銳的形狀。這就是暴漲暴跌的典型型態。

因此，接下來將向各位說明如何不被捲入這種V頂型的股票。

由圖可知，四處尖頂都在跌破前一個交易日的收盤價後，突然止漲暴跌。遇到這種上漲當天雖然收在高點，但下一個交易日卻一度轉跌的情況，就算會虧損也一定要馬上認賠殺出，請務必注意。

還有當成交量在股價到達高點後形成山頭時，也必須要警戒。

04

雙重頂型
日線的三個特徵

記住頸線與回抽的圖形

接著將解說有兩個尖頂的雙重頂型態。本節同樣是以日線圖解說。相較於剛剛的V頂型只有一個高點，雙重頂型則是有兩個高點的型態。這種雙重頂型除了股價高點與高點的相對位置外，成交量也有幾個不同的特徵。

首先是高點的特徵。雖說存在兩個高點，但所謂的雙重頂型，指的通常是第一個高點形成後，第二個高點未能超過第一個便轉跌的情況。

成交量最多的時候是……

而成交量則是另一個重點。這種型態的特徵是，當股價到達第一處高點時，成交量通常是最高的。在左圖mixi（2121）的線圖中，成交量在股價到達第一個高點時增加，但來到第二個高點時，成交量不僅沒有更加上升，反而逐步減少。這就暗示著買進力量正在衰退。

而第三個特徵，則是股價會跌破第一個高點和第二個高點之間的波谷（又稱頸線），形成完整的雙重頂。由圖可知，mixi的股價在跌破頸線後，又一路跌至75日移動平均線下方。不過，在此之

6-04 回抽與頸線的型態

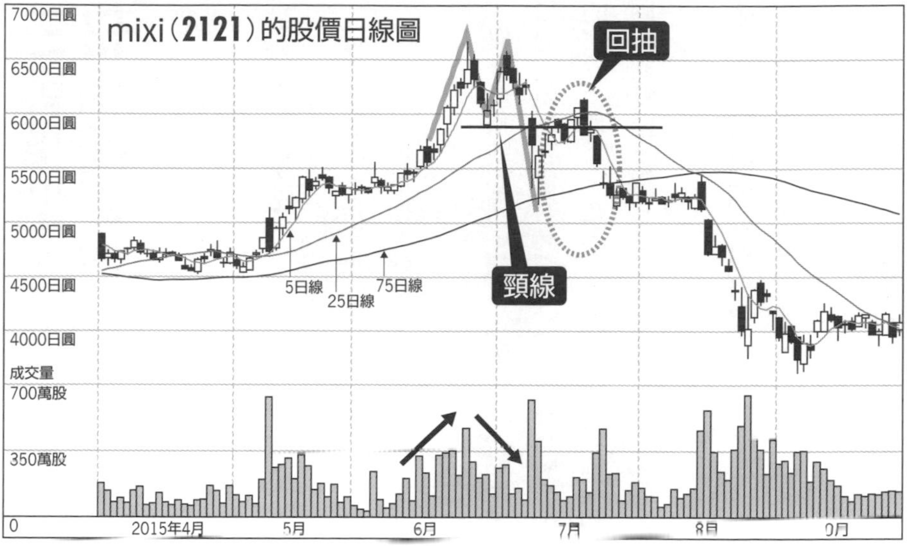

後又一度反彈回到頸線上方，然後才繼續轉跌。此後，股價便轉入下跌趨勢。

回抽時不可買進

股價像這樣在跌破頸線後又反彈回到頸線上方的情況，稱之為回抽，如果股價無法完全回到頸線上方就是賣出的訊號，絕對不可以在此時買進。

此外，在實際操作、尋找買賣時機時，當股價到達第二高點後減少持股非常重要，萬一之後股價跌破頸線的話，就是必須全部賣出的時候。此外，要是錯過了賣出時機，也一定要在股價回抽後，再次跌破頸線前全部賣出。

05 三重頂型①日線判斷法

留意頸線的畫法

接著要解說的是三重頂型。

所謂的三重頂型，就是雙重頂型再加上一個山頭，而其最大的特徵，就是最高點位於中央的山頭。

與雙重頂型不同，如果正中央的高點比左右兩側的高點低，嚴格說來就不算是三重頂型。當三重頂型出現在股價的高價圈時，根據經驗法則，之後通常會出現明顯的下跌趨勢。此外，關於成交量的部分，通常會在第一個高點或第二個高點時達到最大，在第三個高點時則減少，與雙重頂型具有同樣的特徵。還有為了完成三重頂的型態，股價跟雙重頂型一樣必須跌破頸線。

錯過賣出時機的話就這麼做

雙重頂型的頸線就是通過兩個高點之間的低點的水平線，而三重頂型則是由兩個波谷低點連成的線。

因此，三重頂型的頸線往往不是漂亮的水平線，有時谷底出現長下影線時更是得費一番工夫才

6-05 住友金屬礦山（5713）的股價日線圖和三重頂型

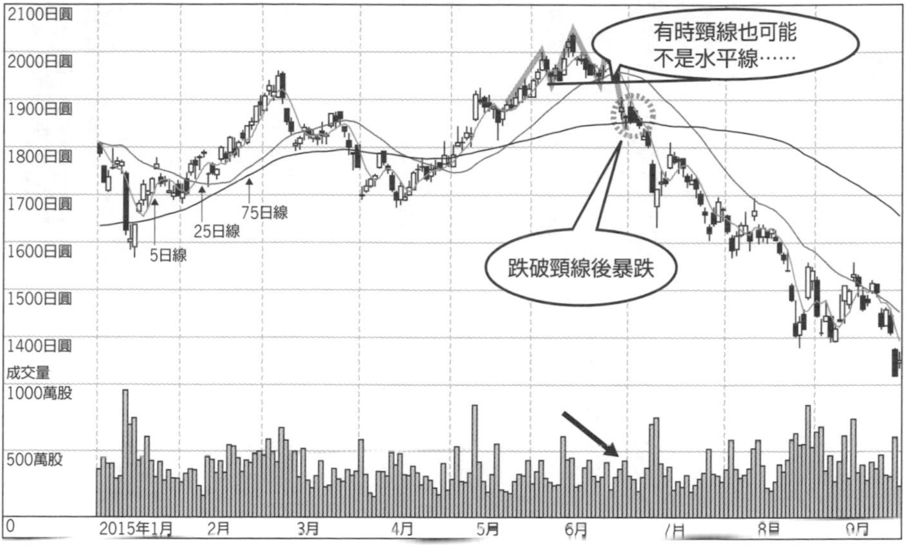

能畫出。上圖是住友金屬礦山（5713）的股價圖，最高點是6月12日到達2040日圓，同時左右兩側還各有一處高點，滿足三重頂型的條件。此外，頸線幾乎成水平線，而股價在跌破頸線後便開始大幅下跌，要是在高價圈出現三重頂型時錯過賣點，就會造成損失。

國外和日本的稱呼不同

不過就這支股票的情況來看，由於回抽很小，錯過賣點的話就無處可逃，因此在跌勢稍微停止並再次跌破頸線時，就必須馬上認賠停損。

此外，三重頂型在外國又被稱作頭肩型，在日本還有三尊天井等別稱。之所以叫三尊，是因為這種線形也很類似阿彌陀三尊的配置。

06

三重頂型②活用RIET鎖定資本利得

RIET很安全……一時大意將招來虧損

有些人認為，不動產投資信託（RIET）具有較高的利息，所以比較不用擔心價格變動的問題，但其實根據買進時的價格，還是有必須注意的地方。實際上RIET中也存在出現三重頂型後價格暴跌的股票。

跌破頸線後加速下跌

舉Kenedix商業RIET投資法人（3453）的股票為例。這支股票的每日成交量不高，所以沒有成交量暴漲的特徵，但價格的變動仍在滿足三重頂型的條件後，一口氣跌落將近30％。

一起來實際看看吧。Kenedix商業RIET投資法人的股價在4月13日到達第一個高點後，就跟所有的三重頂型一樣回檔下跌，不過又在25日移動平均線的支撐下上彈，形成第二個高點。接下來的回檔也在4月28日25日均線的支撐下停止，繼續形成第三個高點。

但到達第三個高點時，股價便無法繼續衝上第二高點的水位，因力道不足而轉跌，跌破頸線後則開始加速下跌。

6-06 Kenedix 商業 RIET 投資法人（3453）的股價日線圖和三重頂型

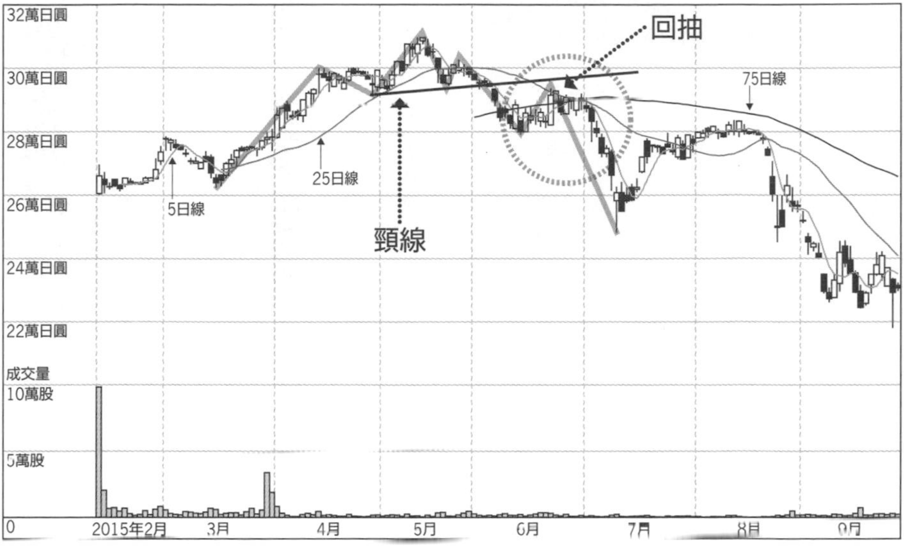

放著不管才最危險！

一般人常認為RIET主要是靠配息獲利，故價格相對其他股票來得穩定許多。

然而，我們已證明這種股票也會在出現三重頂型態後暴跌，所以持有這類股票的人絕不能放鬆大意，還是必須每天檢查股價變化。

就算是RIET，只要在高價時賣出、低價時買入，不僅同樣能利用價差賺取資本利得，還可以得到配息收入，可謂一石二鳥。相反地，以中長期投資為名，將股票放著不管，才是最危險、最容易造成損失擴大的投資方式，請一定要小心。

07

辨別碟形頂型的關鍵是出現小幅波動的整理期

避免「等到發現時股價已跌破平台……」的狀況

接著要解說的是碟形頂型。之所以叫碟形（又稱碗形），是因為這類股價圖的形狀，看起來就像咖啡杯等容器的小碟子倒過來的剖面圖一樣。是頂部形成時出現的型態。

找出平台區

那麼我們來看看圖表。所舉的例子是久光製藥（４５３０）的股票。這種碟形頂型的特色，就是股價會呈現平緩的山形。此外，在平緩的山形完成後，股價會進入名為平台區的整理期。當股價跌至平台區的下限後，整個碟形頂才算完成。

由久光製藥的股價圖可知，從1月底至2月底都沿著5日移動平均線持續上揚，直到3月5日和6日畫出兩條長陽線後，開始出現鋸齒狀的圓頂，然後在5月底左右緩緩轉入下跌趨勢，形成如教科書般標準的平緩山形。此後，股價在7月中旬於４４００日圓到４６００日圓前後徘徊一陣子後，便跌破４４００日圓關卡完成碟形頂。

不過，想辨別這種股價型態，或許必須先熟悉那種鋸齒狀的高價圈，以及被稱作平台區的整理部分。

6-07｜久光製藥（4530）的股價日線圖和碟形頂型

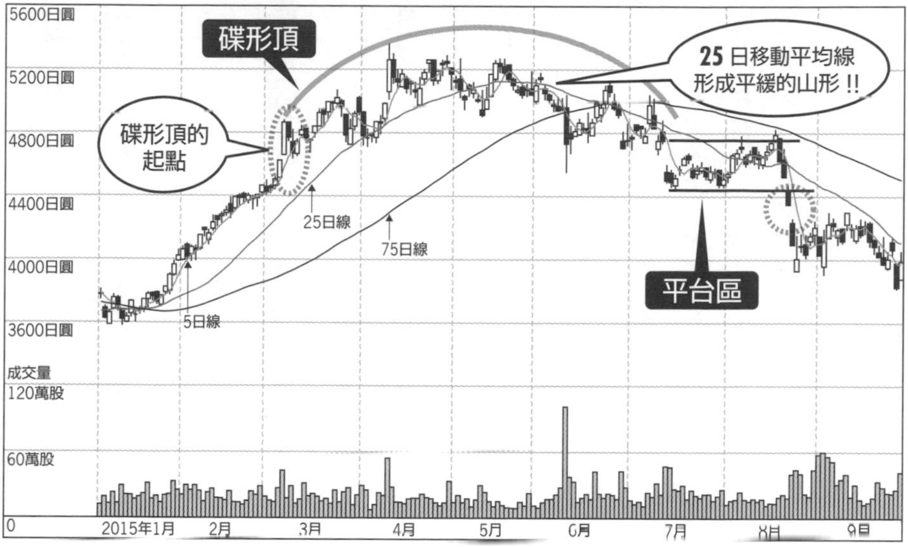

初學者應關注25日移動平均線

接下來我想介紹一個初學者也能辨識碟形頂型的簡單方法。那就是檢查25日均線的形狀。儘管股價線形呈不平整的鋸齒狀，但看久光製藥的25日均線便能清楚發現一個平緩的山形。尤其初學者最該注意的就是股價呈鋸齒狀來回震盪的過程中，25日均線平緩向上後轉向下跌，以及股價跌破25日均線的地方。這裡便是股價轉入下跌趨勢的起點，不過因為下跌的速度很慢，所以不容易察覺，等到發現的時候，股價往往可能已經跌破平台區，這點務必要留意。

08 平頂型
判斷關鍵在移動平均線

當股價因某種因素停滯不動時出現

終於到了最後一種會出現在股價天頂的型態。也就是俗稱的平頂型。所謂的平頂型（line-top）一如其名，就是天頂呈現平線（line）的型態。嚴格說來，股價會完全不變地橫向推移，除了企業併購（M&A）時收購價固定的情況外，幾乎不可能出現。不過，股價有時卻會因為某些因素而停滯不前。

好比在成交量突然大幅膨脹後，觀望氣氛增強、交易意願淡薄，使得股價呈現橫向推移。

TOKYO RADIATOR（7235）的股價就是因上述原因而出現類似平頂的形狀。TOKYO RADIATOR是在東証二部上市的股票，平時每日的成交量不高。然而，一旦這種平時股價波動不大的股票交易量突然增加，想趁機買賣的投資者就會開始湧現，使成交量衝高。同時，成交量膨脹後股價波動會恢復平穩，彷彿之前的暴漲都是騙人的一樣，當投資者發現股價不會再上升，跌到一定水平下後，賣單又會一口氣湧現。因此才會形成這種類似梯形的形狀。

6-08 TOKYO RADIATOR（7235）的股價日線圖和平頂型

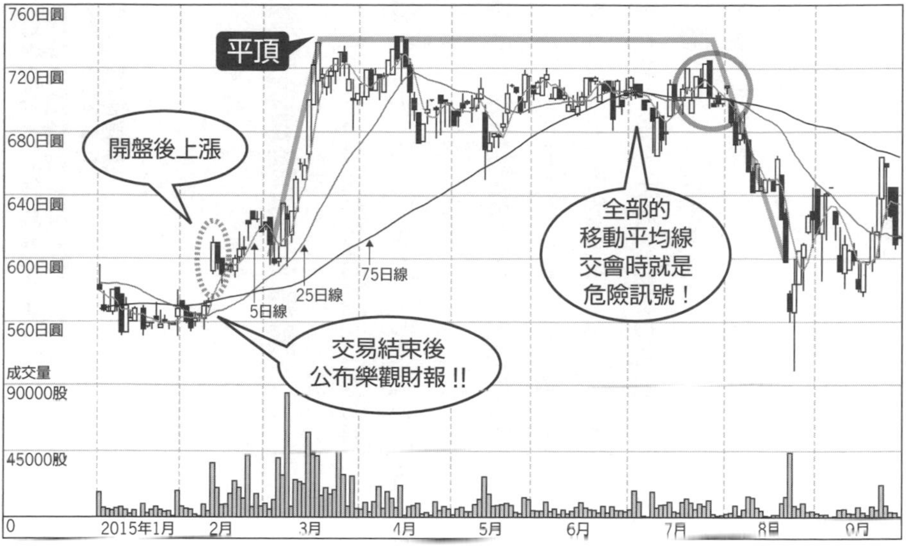

財報通常是成交量暴升的契機

這支TOKYO RADIATOR也是如此，雖然一月初的交易量很少，股價也幾乎沒什麼變化，但2月10日交易結束後發表的財報引起了投資人的注意，隔日開盤後股價上升，接著成交量也大幅膨脹，成為了熱門股票。此外，我們可以看到3月18日之前連續出現長紅K棒。此後股價在高價圈橫向推移，接著在8月4日轉往右下，轉為跌勢。

至此平頂型態完成。在這過程中我們可以看見下跌的徵兆。

圖中可見從5日到75日的三條移動平均線全都擠在一起（圓圈圈起處）。這就是平頂型的特徵。當股價圖呈現這種形狀，股價開始下跌時，移動平均線便會一齊轉為向下，務必要留意。

09

底部形成時出現的V底型

留意股價觸底只有一瞬間

接下來將解說股價觸底時出現的形狀。股價觸底時的線形，只要把前面介紹過的觸頂型態上下反轉就行了。不過，成交量的變化方式還是有點不同，請小心留意。

每日成交量低的股票容易留下長影線

那麼讓我們來看看實際的線圖。所舉的例子是SOLHD（6636）的股票。這是一支在JASDAQ上市的股票，日成交量並不算多。此外，這支股票的另一項特徵，是經常出現上下影線很長的K線。至於容易出現長影線的原因，是由於投資人較少用指定價格下單，故當大單出現時，價格馬上就會出現變化。

接著再看看上下影線形成時的成交量。當長上影線和長下影線出現時，影線的長度愈長，成交量也就愈高。當股價拉出上影線和下影線時，代表大單出現，但這種變化大多只是曇花一現，一旦買單停止便會形成V頂後下跌，出現本節介紹的V底。

6-09 SOLHD（6636）的股價日線圖和V底型

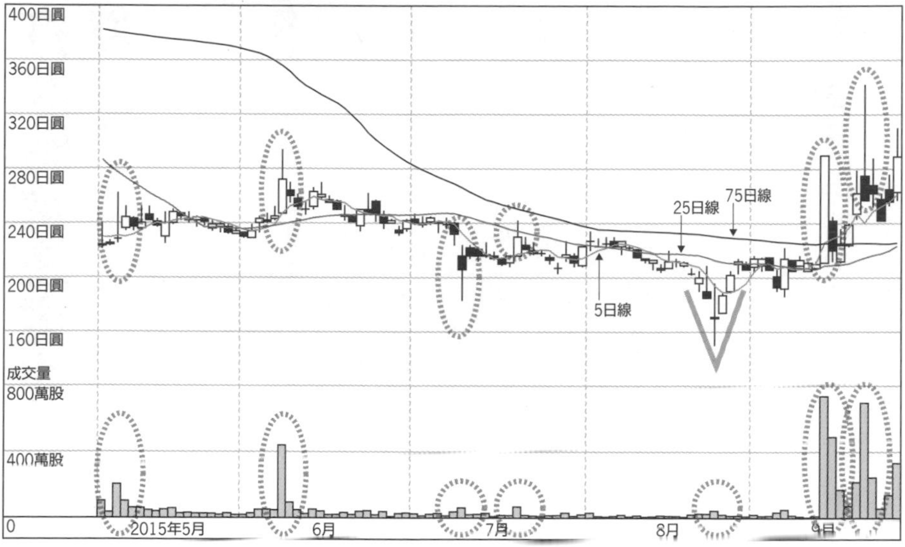

以為買在底部，結果卻發現並非V底？

接著我們來看看底部成形，股價跌到V底的8月25日。K線在這天出現十字線，但早在數天前就已開始緩緩下跌，直到8月25日形成長十字線後，下個交易日才開始反彈，之後則恢復上升趨勢。一如前面所述，判斷這種V底型是否完成的關鍵，就在於觸底後隔日股價是否持續上升。

此外，我們在V頂型一節也說過了，一如V頂的高點只有一瞬間，V底型的底部也只會維持很短的時間。因此，想剛好買在V底型的低點非常困難，相對地，假如真的買到低點，代表目前的股價型態可能並非V底型，必須留意。

10 打底時須注意的雙重底型

避免被捲入破底的情況

看過這麼多具代表性的型態分析案例，想必大家都有許多想法，接著讓我們來看看雙重底的型態。雙重底型乍看就像雙重頂型顛倒過來的型態，不過跟雙重頂型又有些不同的特徵。

首先是股價的水位。股價在打底時，改用週線圖等週期較長的圖表來觀察底部是否在低價圈成形，這點很重要。此外，成交量的增減也是一個特徵。雙重底形成的時候跟雙重頂型相反，比起第一個低點，第二個低點時的成交量反而會緩緩增加，並在股價脫離底部、突破頸線時最為上升。

另一個價格的特徵是，必須觀察股價的第二個低點是否跌破第一個低點的價位。這是因為股價如果跌破第一個低點的話，代表仍有繼續下跌的可能性。儘管也存在第二個低點跌破第一個低點後仍形成底部的型態，但初學者最好嚴守不讓第二個低點跌破第一個低點的原則，才能確實避免被捲入破底的情況。

初學者應採用這種戰略確保獲利

請各位參見左圖MIKSystem（3910）的股價日線圖。

6-10 MKSystem（3910）的股價日線圖和雙重底型

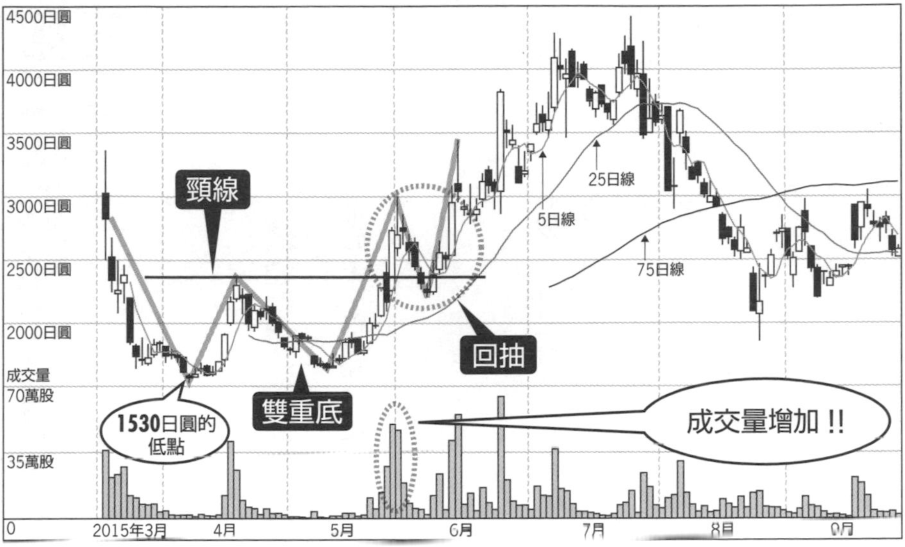

這支股票在4月7日到達低點1530日圓後一度反彈，在4月17日來到2376日圓。隨後股價雖然又跌了回去，但依照標準的雙重底型態，在跌破第一個低點之前便回彈，於4月17日站上頸線。另外兩個觀察重點是：成交量在股價站上頸線時膨脹，以及股價站上頸線後產生搖擺的回抽現象。

遇到這種雙重底形成的型態，我們可以有兩種選擇，一種是在股價站上頸線時買進，另一種是在回抽時買進。

此外，雖然也有股價沒有回抽的案例，但仍建議初學者把握股價站上頸線時買進，等到上升停止後暫時賣出、確保獲利，然後再看時機重新進場。

11

第二次低點才是最低點的三重底型

小心不要與三角整理型和破底型態搞混

接著將介紹三重底型。跟之前一樣，大家只要把三重底型想像成三重頂型顛倒過來的線形就可以了。

那麼讓我們來看具體的圖表。所舉的例子是三井造船（7003）的股票。圖中為2012年9月前後的股價。

三重底型一如其名，就是有三個低點，以中間的低點最低，左右兩側另外各有一個低點的股價線形。另外，若是第一個或第三個低點最低的情況，則不能算是三重底型。若是第一個低點最低的情況，可能是215頁以後將解說的三角整理型；而第三個低點最低的情況，則可能是破底或擴散，而非打底的型態。

成交量在股價突破頸線後膨脹

來看實際圖表，股價於8月7日到達低點、一度反彈後，又在9月6日跌落第二個低點。隨後股價再次回彈，但還未大幅上揚便再次下跌，於10月11日形成第三個低點。然後股價在跌破第二個

6-11 三井造船（7003）的股價日線圖與三重底型

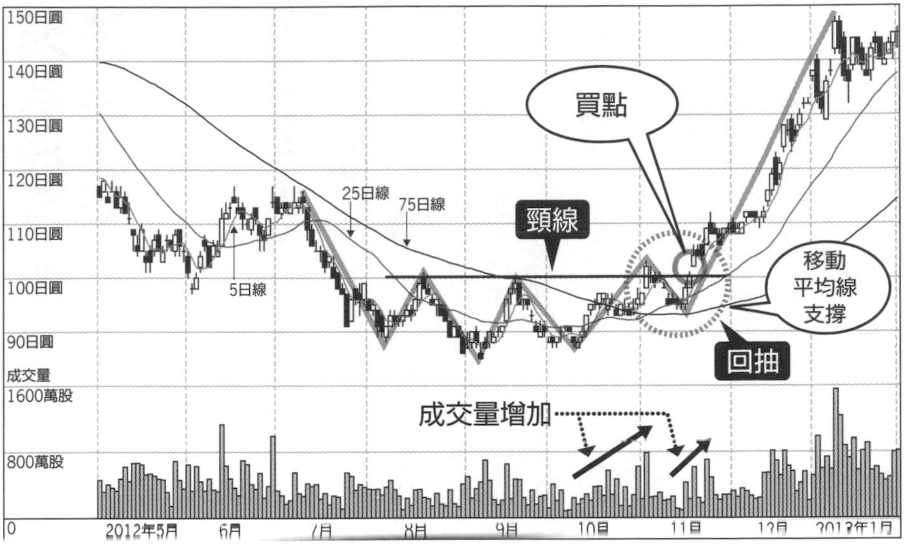

低點前回彈，站上由三處低點間的反彈高點連成的頸線後，完成三重底的型態。

之後，股價出現在雙重底型時也出現過的回抽現象，接著一口氣持續上升。而觀察成交量可發現，此處也跟雙重底型一樣，在股價突破頸線時大幅膨脹。

注意與移動平均線的關係

關於本節介紹的三井造船的股票，同樣有一個建議要告訴大家。那就是股價與移動平均線的關係。通常當股價發生回抽而搖擺時，雖然也有跌破頸線繼續下跌的案例，但如本節介紹的圖表，股價在25日或75日均線的支撐下向上反轉，趨勢由跌轉升的可能性很高，若各位不知該如何判斷的話可以參考看看。

12

須掌握買點的碟形底型

若股價開始轉跌應立即停損

本節將解說碟形底型態。先前曾說過，所謂的碟形就像咖啡杯小碟子的剖面圖一樣，實際表現在K線圖上時，特徵是股價會以鋸齒狀反覆波動，打底後轉揚。此外，股價轉揚後會經歷俗稱平台區的整理期，然後進入上升趨勢。而碟形底型的另外一項特徵，則是在股價開始緩緩上升或脫離平台區時，成交量會開始增加。

因此，若發現碟形底型打完底後開始轉揚，或是股價向上離開平台區時成交量增加的話，最好的買點就是股價呈鋸齒狀緩緩上升且成交量增加時，以及股價脫離平台區且成交量增加的時候。

及早看出是否為上升趨勢

如果是初學者，在股價往上脫離平台區時應該比較容易進場，而若有多餘的資金且已很熟悉股票買賣的話，則可在股價跨過25日均線和75日均線的交會點，同時成交量增加時採取「試探性買進」的戰略。

這種戰略的優點是可以賺取更大的價差。但風險則是在上升趨勢仍不明朗的狀態進場，若股價

6-12 Haruyama Trading Co.,Ltd.（7416）的股價日線圖和碟形底型

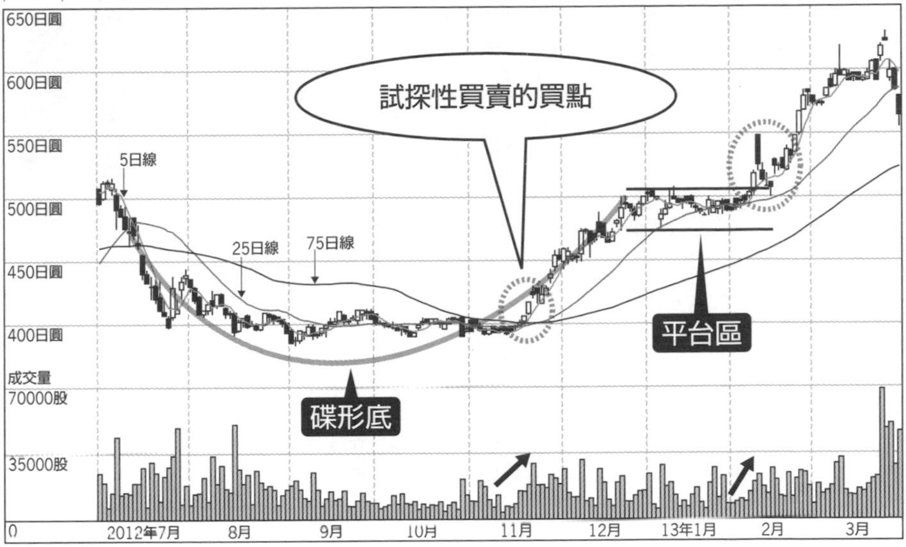

不升反跌，就要立即進行停損。

相對地，若股價依照預測上揚的話，便可在平台區先進行一次獲利了結，等到股價超越平台區時再買回來。如果能夠一面買賣一面確保獲利，同時抓住趨勢的話，就可以增加獲利。

接著是分辨碟形底型的重點。碟形底型的特徵是股價一邊呈鋸齒狀波動一邊緩緩下跌，打好底後又繼續呈鋸齒狀波動緩緩上升，有點像是被壓扁的三重底型。只要記住這點，應該就能很順利地掌握碟形底的型態。

此外，碟形底型的成交量型態也跟碟形一樣，成交量最低的時候常常出現在中央的低點附近，希望大家記住。

13 持續橫盤的平底型

留意跟碟形底型的不同

接著要介紹的是跟碟形底型十分相似，但嚴格來看形狀仍不太相同的平底型。

相對於碟形底型是呈現鋸齒狀波動的打底型態，平底型的線形雖然與其類似，不過股價卻是固定在一定的低點上，持續一段時間的橫盤。因此，平底型的線形看起來就像倒過來的梯形。此外，平底型接近完成的時候，成交量會先緩緩上升，然後在平台區形成時減少，最後又一口氣衝高，進入上升趨勢。

難以找出明確的底部訊號

左圖為Fujitsu Component Ltd.（6719）的股價圖，其股價的變化過程有如教科書般完美重現了平底型的線形。觀察圖表可發現股價在慢慢往右下方移動後，突然急速下跌，隨後成交量也跟著減少，來到150日圓左右的低點，持續將近2個月的橫盤後，再次大角度地小幅上揚，形成平台區。

然後股價在平台區的上限和下限拉鋸了一陣子，便伴隨著龐大的成交量向上衝破抵抗線，進入

6-13 Fujitsu Component Ltd.（6719）的股價日線圖和平底型

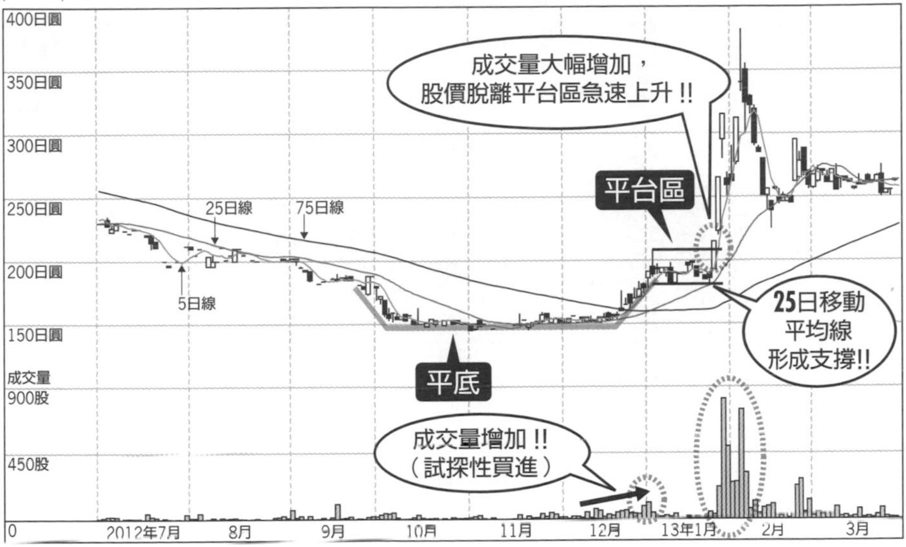

上升趨勢。

尋找試探性買進的時機

當股價像這樣長時間持續橫盤後，大角度地小幅上彈時，由於成交量增加，故可考慮在此時進行試探性的買進。

不過前面也提過，就算持續橫盤後小幅度上彈，也不代表有明確的觸底訊號，故務必要做好試探性買進後馬上停損賣出的準備。

此外，觀察圖表可知，在股價向上脫離平台區的地方，由於有25日均線支撐而上揚，因此在尋找買點時，可從25日均線是否形成支撐，再加上成交量是否增加來判斷。

14 不知會朝何處移動的整理型態

記住天頂和底部的線形特徵

直到前頁為止，我們已解說過股價觸頂和觸底時特有的線形種類，知道可以透過股價的水位，以及成交量和移動平均線的關係，更方便地判斷股價觸底和觸頂後崩跌的時間。而本節開始，我們將繼續解說股價在上升和下跌趨勢形成時出現的「整理期」。

首先，所謂的「整理期」究竟是什麼樣的狀態呢？舉例來說，當股價向天頂或底部移動的過程中，我們會看不出股價到底要往哪邊前進，而這個時期就是所謂的「整理期」。

尋找股價沒有定向、上下波動的部分

讓我們來看看實際的股價圖。這張圖是日經平均股價的週線圖，首先請注意低點和高點的部分。由於圖中的日經平均股價往右上方移動，因此可判斷為上升趨勢。

另一方面，雖然上升趨勢逐漸成形，但在從低點走向高點的過程中，股價有段時間曾沒有定向地上下搖擺。

圖中用圓圈圈起來的部分，稱為「整理期」。此外，這種整理期也跟股價觸頂和觸底時一樣，

6-14 日經平均股價的週線圖和整理型態（© 日本經濟新聞社）

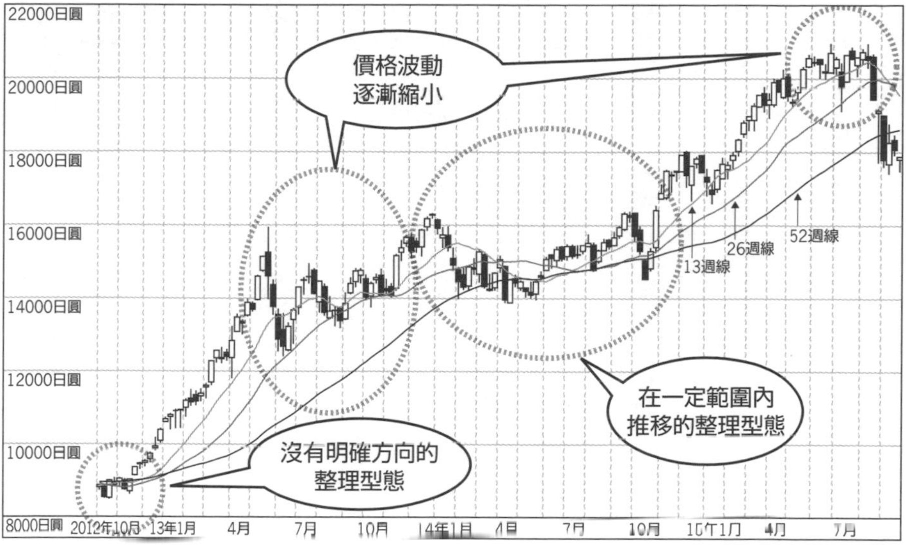

具有某種特別的線形。

找出脫離股價整理期的時間

如果事先知道這種整理型態的線形，便能幫助我們判斷股價現在處在「低點」、「高點」還是「整理期」。

此外，這些線形還能用來推測股價是上升趨勢還是下跌趨勢，是該進場還是不該進場，是該退場還是要繼續持有，有助於我們進行判斷。

因此除了尋找股價天頂和底部的方法外，如果還能學會判讀整理期的狀況，以及股價脫離整理期的時間，就能讓中長期的投資更有效率。

15 上升、下跌趨勢的典型整理型態

漂亮地連接高點和低點來發現圖形

在上一節裡，我們簡單說明了上升趨勢形成時日經平均股價的整理期，而關於整理期的分析也存在幾種可辨認的型態。

股價的型態本身不難理解，但就像在解說趨勢線畫法時曾說過的，能否漂亮地連接高點和低點，對於發現股價型態有很重要的影響。

這是因為如果不能畫好趨勢線，就無法發現處於整理期的股價型態。

沒有看清趨勢就進行判斷非常危險

除此之外還有一個重點。那就是在解說股價打底和觸頂型態時曾提醒過的，不能只關注股價的特殊線形。實際上這種整理型態也是，不能只看線形本身，必須確實分析整理型態形成前的股價趨勢才行。一如208頁的內容所述，這是因為所謂的整理期正是不確定股價會持續上升趨勢，還是會反轉向下的情況。

假如在上升趨勢中出現整理期，而整理期後股價繼續上升的話，整理期的時間愈長，股價就會愈急著補漲、加速上揚。另一方面，下跌趨勢中的整理期也一樣，若整理期後股價繼續下跌，前面的停滯時間愈長，之後就愈有可能發生所有人一齊拋售的情況，使下跌加速。

因此進行這種整理型態的分析前，必須要確實檢查整理期到底是發生在上升趨勢中，還是下跌趨勢中。

假使沒有事先看清楚趨勢就進行買賣判斷的話，很可能會誤判情勢，導致損失擴大，一定要特別注意。

那麼，接下來讓我們來看看整理期的股價有哪些形狀吧。

整理期的股價型態最基本的線形，就是與上升趨勢或下跌趨勢一同出現的「收縮型」和「擴散型」，以及「箱型」和「菱形」。

觀望氣氛下出現的收縮型

收縮型是在股價持續上升的過程中，適逢財報季或國際情勢不明朗，觀望氣氛瀰漫時容易出現的圖形。這時交易量減少，股價波動也隨之縮小，投資人都在觀察之後的局勢會如何發展，因而形成「等邊三角形」的型態。

這種型態的股價，高點會逐漸往下，低點則逐漸向上，使得下切的高點抵抗線和上切的低點支撐線圍成一個三角形，故又叫做三角整理型。

讓投資人欲哭無淚的擴散型

而擴散型的線形，只要想成是三角整理型的相反就行了。相對於三角整理型是高點下切，低點

6-15 三角整理型態的種類（上升趨勢）

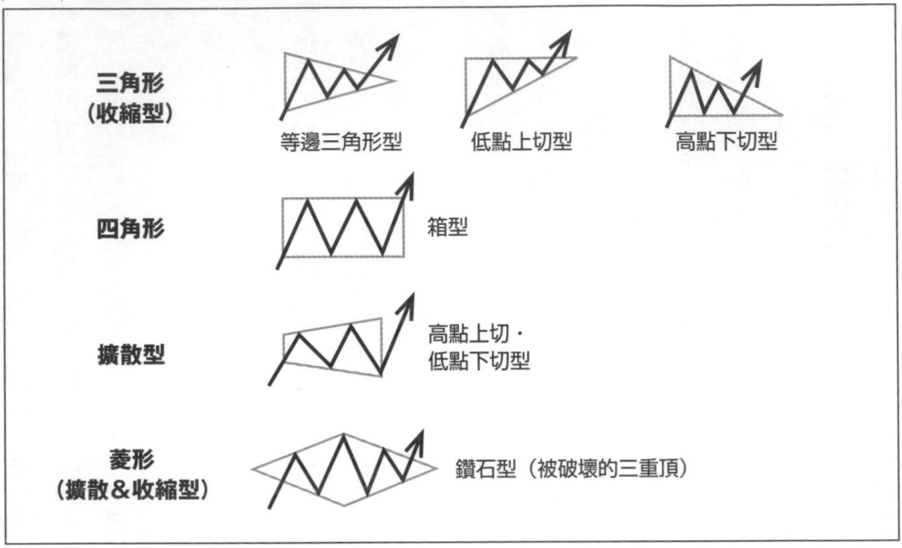

上揚，股價波動率（volatility）逐漸變低；擴散型則恰恰相反，是高點上揚，低點下切，股價波動率逐漸增大的型態。因此很容易讓人看到高點不斷推升，便誤以為股價會繼續上揚，而在突破新高時買進，結果股價轉跌後卻跌破前波低點，直落到向下的趨勢線上，可說是會讓投資人欲哭無淚的一種型態。

下跌趨勢中必須注意的箱型

至於箱型的型態，只要在腦中畫個四方形就行了。

用股價來解釋的話，就是高點和低點在一定範圍內推移的型態。因此這種型態不僅不易看出股價的動向，同時還很容易讓人忘記之前的股價趨勢，引誘人在股價的上限和下限形成的箱形中，試圖抓住脫離整理期的時機來獲利，要是因為一時衝動而進場，股價卻往與預期相反的方向脫離整理期，便會產生極大的損失。

特別是當箱型型態發生在下跌趨勢時，投資

6-16 主要的整理型態種類（下跌趨勢）

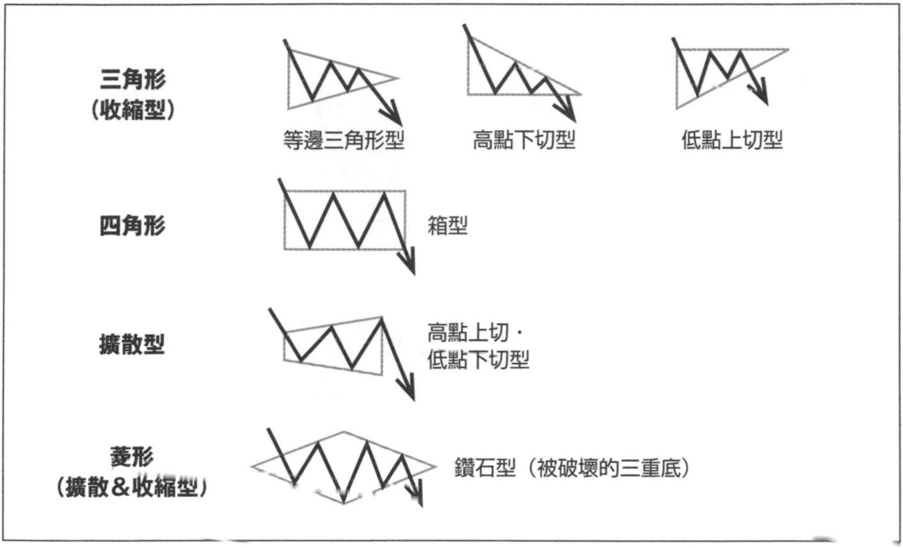

人很容易以為股價會觸底反彈而貿然進場，但處於下跌趨勢的箱型，股價時常會加速下跌，必須要小心。

從三重頂型衍生而成的菱形

最後是菱形。乍聽之下，可能會感覺菱形好像是很特別的線形，但其實就是把擴散型和收縮型連在一起。也就是上下波動較大的擴散型出現後，投資者的心理平復，觀望氣氛開始瀰漫，價格波動又緩緩縮小的型態。

聽我這麼形容，不知道各位腦中有沒有想到另一個線形呢？沒錯，就是三重頂型。只要畫出三重頂型的趨勢線，便會發現三重頂型中也存在著擴散型的整理期。而在三重頂形成後，在價格波動逐漸縮小時連接高點和高點、低點和低點，就能找出收縮的三角整理型。換言之，菱形也是兩種整理型態連續發生時出現的類型。

像這樣確實把握高點和低點，並畫出趨勢線，找出股價的整理型態，接著預測股價會往哪

6-17 有關整理型態的整理

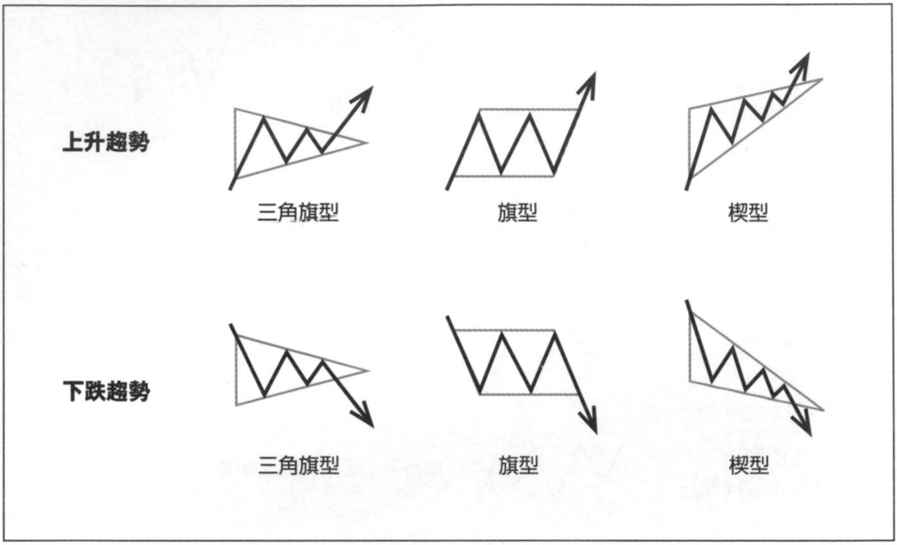

個方向脫離整理期，避免沒把握的投資，才是股市投資的基本。此外，整理期的線形還有三角旗型、旗型、楔型等種類，等到各位對趨勢線的畫法愈來愈上手，習慣辨認整理期的圖形後，相信便能漸漸看出以上介紹的這些線形，將其用於投資判斷。

16 上升三角整理型的實例和買賣的注意點

初學者應多畫趨勢線來檢查

接下來我想介紹幾個股價整理的實際案例。請各位參照216頁的圖表。

首先是三角整理型態的例子。所舉的例子是電視廣告常見的ALSOK（2331）的股票，先從趨勢分析開始吧。看看該年自年初後的價格變化，股價在25日、75日等移動平均線上方推移的同時，高點也不斷突破，維持上升的趨勢。然後在7月31日到達5910日圓的高點後，股價開始下跌，並在8月25日觸及4480日圓的低點後反彈，以75日移動平均線為支撐緩緩上升。

要小心雙重頂出現的情況

另一方面，自7月31日到達高點後，股價即使反彈也完全無法回到前波高點，出現高點下切的情形。這裡首先要尋找用來畫支撐線的起點。此處不論任誰來看，應該都會畫在8月25日的低點。接著與8月25日連接的是9月10日的低點。這裡的連接點畫在9月8日雖然也沒什麼問題，但要注意如果與起點的間隔太短，或是價格落差太大的話，可能無法畫出漂亮的支撐線，必須要留意。基本上只要是低點連低點、高點連高點，無論怎麼畫都不會有錯。雖然畫太多條線看起來很辛苦，但

6-18 ALSOK（2331）的股價日線圖和向上脫離三角整理區的型態

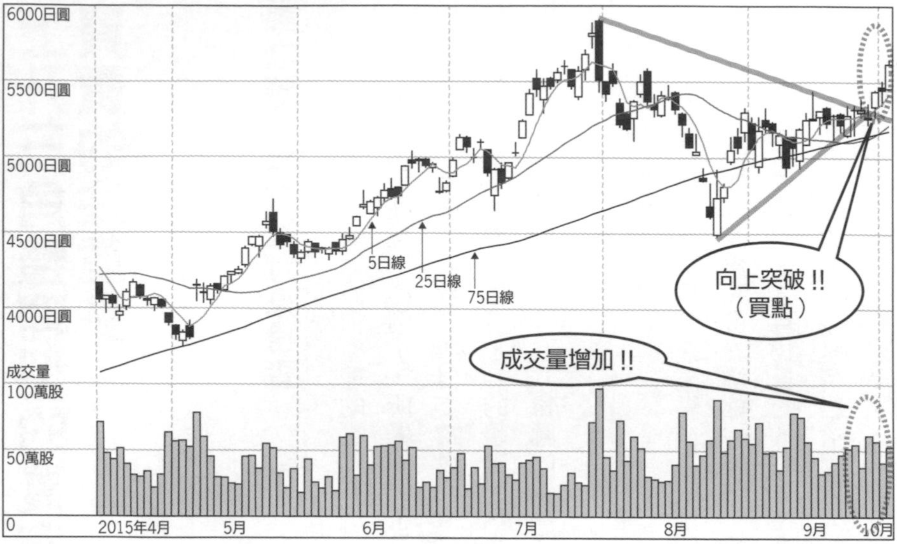

相對地卻可以看出宏觀的股價走向，所以初學者可以多畫幾條趨勢線，再一一檢查哪條線需要、哪條線不需要。

接下來再回到圖表上。在上升趨勢中出現三角整理型態後，股價一如預期，維持原來的趨勢繼續上升。不過遇到這種狀況時，如果股價向上脫離三角整理區後，沒有刷新前波高點的話，便有可能變成雙重頂型態，轉而暴跌，所以要一邊預測之後的變化，一邊採取行動。

那麼究竟何種時候會出現雙重頂呢？也就是當股價向上脫離三角整理區時，成交量膨脹且股價沒能超越前波高點，形成V頂的時候。

假設成交量膨脹且同時形成V頂的話，以ALSOK的例子來說，加上7月31日的高點就會形成兩個高峰，變成雙重頂型態，請一定要注意。

17

下降三角整理型的實例和買賣的注意點

脫離方向確定前不要全盤下注

接著要介紹的是股價向下脫離三角整理區的型態。所舉的例子是咖啡業界有名的Key Coffee（2594）的股票。請各位參照218頁的圖表。

一如前一節的例子，Key Coffee的K線圖也是移動平均線全部向上，趨勢持續上升的狀態，但在8月18日到達2370日圓的高點後便突然暴跌。此外，這時的股價不僅跌破原本支撐上升趨勢的25日移動平均線，8月25日更跌破75日均線，上升趨勢儼然已經崩潰。然而股價開始反彈之後，卻又出現高點下切、低點上揚的情況。

有時增加抵抗線的數量便可判斷局勢

因此雖然可能不太容易辨識，但這次我們畫了三條抵抗線。第一條和第二條是以8月18日的高點為起點，分別連接至8月31日和9月18日高點的兩條趨勢線。而最後的第三條則是由8月31日和9月18日的高點連成的線。如同上述，我們可以為Key Coffee的K線圖畫出三條抵抗線。

另一方面，在支撐線的部分，由於只有8月25日和9月8日這兩個低點，因此連接這兩天的低

6-19 Key Coffee（2594）的股價日線圖和向下脫離三角整理區的型態

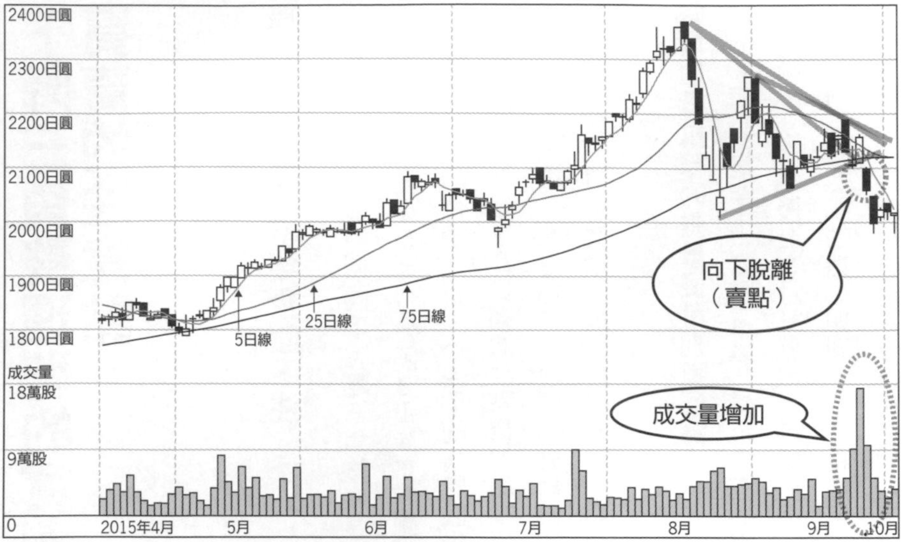

點後，便可在圖中完成一個三角整理的圖形。

如果誤判為上升趨勢的話……

理論上，這明明是發生在上升趨勢中的三角整理型態，然而股價卻向下脫離整理區，使得相信這是上升趨勢而買進的人蒙受巨大的損失。因此雖然大多數的情況下，股價在整理後會延續原先的趨勢，不過直到確定股價脫離的方向之前，絕對不能全盤下注，使投資部位太大，希望各位記住這點。

順帶一提，這種狀況下的停損點是在交易量膨脹後的下個交易日，當股價一口氣跌破支撐線回跌的時候。

18

上升箱型的實例和買賣的注意點

因為股價可能還有上升空間，故不要急著進行獲利了結

有時股價會突然停滯不前，在一定範圍內上下搖擺。遇到這種股價變化時，比較沒有耐心或是想要先確保獲利的投資人，可能會優先選擇賣出。

然而，這種因停滯而在一定範圍內搖擺的股價型態，其實有時是在醞釀之後上漲的能量，最好不要隨便了結獲利。舉例來說，220頁的圖表便顯示出股價剛進入上升趨勢不久的情況。所舉的例子是AICHI CORPORATION（6345）的股票。這支股票的股價在5月21日來到412日圓的低點後，便接連站上5日、25日、75日所有的移動平均線，進入上升趨勢。然後在7月1日到達484日圓的高點後開始停滯。此後股價一直無法跨越7月1日的高點，進入標準的整理階段。

像這種情況，即使是中長期的投資者，也可能在股價到達7月31日的483點，無法跨越484點的關卡時急於進行獲利了結。但必須注意的是，股價其實是進入箱型的整理型態。這是因為儘管股價在7月1日達到高點後便停滯不前，不過之後也沒有跌破7月18日的低點。此外，雖然跌破了25日均線，但25日均線本身卻呈現橫盤，且75日均線仍繼續上升，就算是在股價大跌、形成大黑K的8月8日，也依然保持著上升趨勢。

6-20 AICHI CORPORATION（6345）的股價日線圖和股價向上脫離的箱型

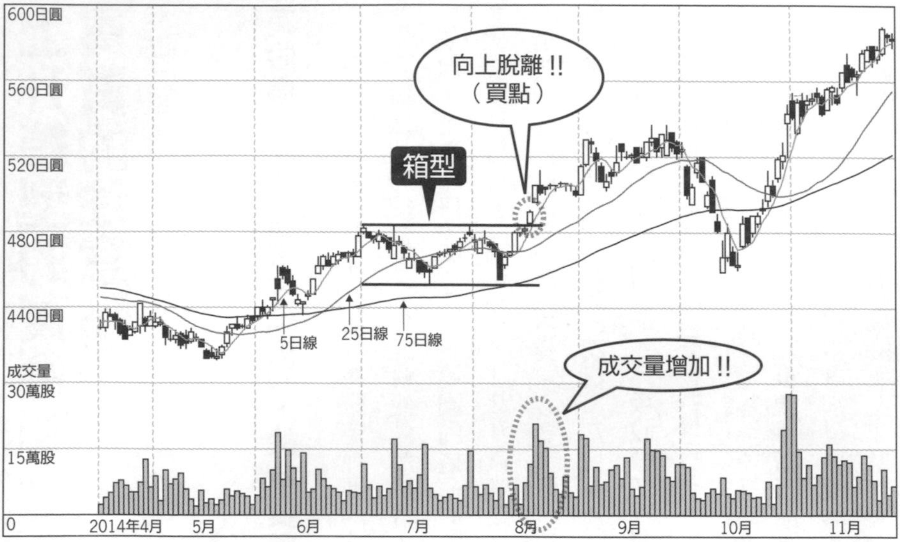

鎖定股價突破箱型抵抗線的時機

如此一來，便能消除因為股價未能跨越前波高點、反轉為下跌趨勢的疑慮。接下來，確定股價在一定的高點和低點間搖擺後，應該就能想到這是箱型整理期，而股價很有可能會向上脫離。對於想要買進的人而言，股價向上突破箱型抵抗線的時候，就是最好的進場時機。此外，知道這時間點的成交量增加，正是股價向上脫離整理期的條件的話，應該會更容易判斷買點。

練習問題

問題 01 以下圖表中隱藏著一種股價線形，請問是哪種線形呢？

TSI Holdings Co.,Ltd.（3608）的股價日線圖

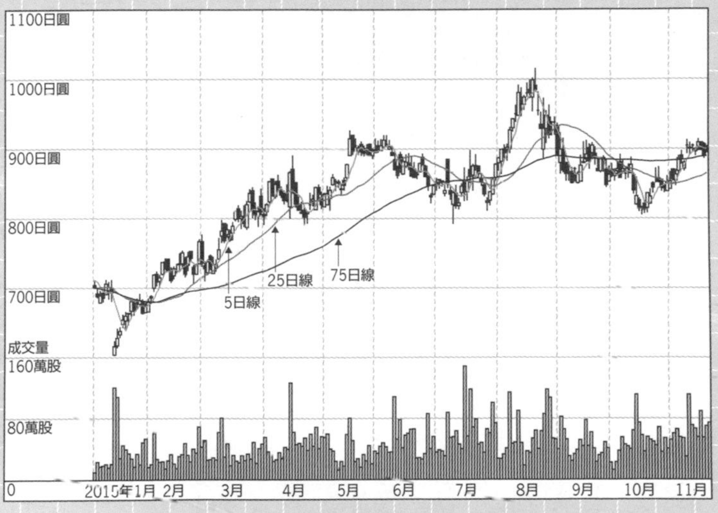

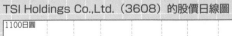

解 答

問題 01

答案 **擴散型態和收縮型態**

當上升或下跌任一種趨勢發生時，之後可能會形成三重頂型或鑽石型（請參見書末加贈的實戰練習題）。

TSI Holdings Co.,Ltd.（3608）的股價日線圖

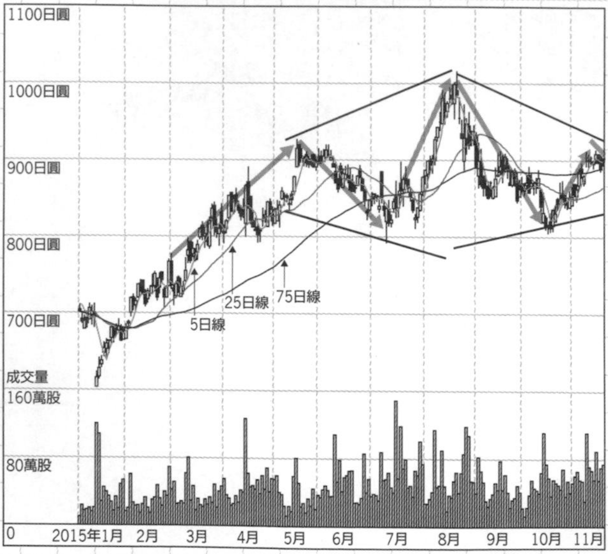

練習問題

問題 02 **以下圖表中隱藏著一種巨大的股價線形。請畫出趨勢線並回答線形名稱和買賣時機。**

Aozora Bank, Ltd.（8304）的股價日線圖

解答

問題 02

答案 三角整理型（等邊三角形型）

買賣時機分別是在股價跌破支撐線時賣出，跨越抵抗線時買進。此外，連同動量指標一起對照的話，還可看出趨勢的強度。

Aozora Bank, Ltd.（8304）的股價日線圖

第7章

結合三種分析方法取得好成績

01 初學者取得好成績的關鍵在於各種圖表分析的組合

組合不同指標截長補短

本章將為各位解說初學者該如何提高投資成果的訣竅。

想要取得好的投資成果，就必須組合各種技術指標截長補短，進行綜合的判斷。

一如至今為止解說過的，每種技術分析方法都各有優點和缺點。例如趨勢系的指標無法用來判讀現在的股價趨勢；而震盪系的指標則沒有把趨勢納入計算，所以有時會出現錯誤訊號；至於動量系的指標雖然可以算出股價力道，但卻很難判斷買賣的時機，難以用於買賣判斷。

投資者就像球隊教練

但只要能妥善運用各指標截長補短，就能降低判斷錯誤的機率。

在某種意義上，各種技術工具就好像一支球隊的球員，各自負責不同的任務，必須互相合作才能發揮最大戰力。因此在投資時，投資者就像這支球隊的教練，必須思考哪些選手（技術指標）應該先發（使用），好贏得比賽（取得投資成果）。

- 把握各技術指標的優點和缺點！
- 思考可截長補短的組合方式！
- 避免使用單一系統的指標進行組合！
- 參考多個同一系統的指標OK！
- 只要是不同系統的技術指標，怎麼組合都OK！
- 趨勢系的指標適合搭配震盪系或動量系的指標！
- 想出自己擅長（易於判斷）的技術指標組合，邁向成功！

不要只使用單一系統的技術指標

那麼，我們到底該怎麼組合這些技術指標呢？其實不用想得太複雜，只要記住最低限度的原則就行了。

那就是避免只用單一系統的指標進行組合。大量參考單一系統的指標沒什麼不好，但只參考同一系統的技術指標就進行買賣判斷，常常所有指標的結果都一樣，反而容易看漏指標的盲點。那麼就從下一頁開始一起來看具體的圖表吧。

02 可確認現階段趨勢是否會持續的組合（上升趨勢的情況）

留意移動平均線和動量指標

本節開始我們將為各位介紹幾個具體的組合。首先是如本節標題所述，用以判斷目前趨勢是否會持續下去的組合。在實際投資股票、進行買賣判斷的時候，一般人最想知道的一件事情就是用基本分析選完股票後，這支股票的股價到底會不會漲，還有究竟能漲多久。為了解決這個疑問，我們需要用到移動平均線和動量指標。

以下將實際組合趨勢系技術指標代表的移動平均線和動量指標，為各位講解如何判斷趨勢和買賣時機。同時使用趨勢系指標和動量指標時，應該要先確認的就是趨勢系技術指標。這是因為如果不知道股價到底是上升趨勢還是下跌趨勢，就連最基本的該買還是該賣都會誤判，即使組合動量指標也沒有意義。

要注意股價被壓回的可能性

首先利用移動平均線來檢查股價趨勢。所舉的例子是智慧手機零組件的製造商村田製作所（6981）的股票。由圖可知，2015年2月3日股價跌至1萬2520日圓的低點後，一口

7-02 村田製作所（6981）的股價日線圖

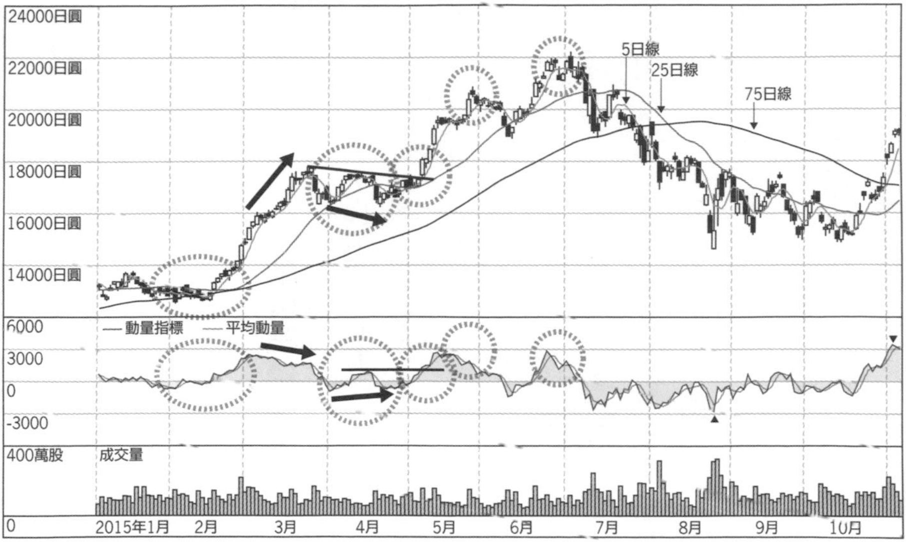

氣跨越所有移動平均線，然後5日均線、25日均線、75日均線依序在短時間內反轉向上。這類移動平均線的變化就是股價進入上升趨勢時特有的現象，實際買賣時，一定要在此時檢查股價是否會繼續上升。

不過因為這裡的圖表已經顯示之後股價上漲的結果，所以各位才會覺得「現在正是最好的買點」，但「投資沒有絕對」，因此見到這種股價變化時，仍不能排除股價被壓回的可能性。

基於此原因，我們還需要運用之前介紹過的動量指標。此處觀察的重點，以考慮買進的情況而言，在於對動量指標是否越過0線、是否在上升、是否觸頂轉跌、是否出現發散現象等，進行綜合性的判斷。

無論遇到何種格局，只要先進行趨勢分析後再檢查動量指標，應該就能夠找出最適合的買賣時機。

03

如何判斷上升趨勢

只看移動平均線的話會錯過時機

在229頁的圖表中，從移動平均線來看的話，因為股價一直維持在向上的5日均線上方推移，換言之，可推測上升趨勢仍在持續，因此股價在突破所有移動平均線的同時，5日、25日、75日均線，理論上也應反轉向上。

接著回來看股價站上所有移動平均線的2月18日的移動平均線。儘管5日均線的確向上反轉，但卻出現25日均線向下，75日均線又向上，方向各不相同的情況。

此時，若投資人光憑股價站上所有均線，以及5日均線向上穿過所有均線、出現黃金交叉這兩點就買進（進場），且在股價直落時因大意而錯過停損的時機，就會遭到套牢，必須留意。

另一方面，若為了避免這種事態，等到所有移動平均線都向上時才買進，便會錯過進場時機，減少收益率（return）。

留意動量指標的動向

這時就輪到動量指標登場了。一如先前的解說，為了判斷上升趨勢的強度，我們必須觀察動量

7-03 村田製作所（6981）的股價日線圖

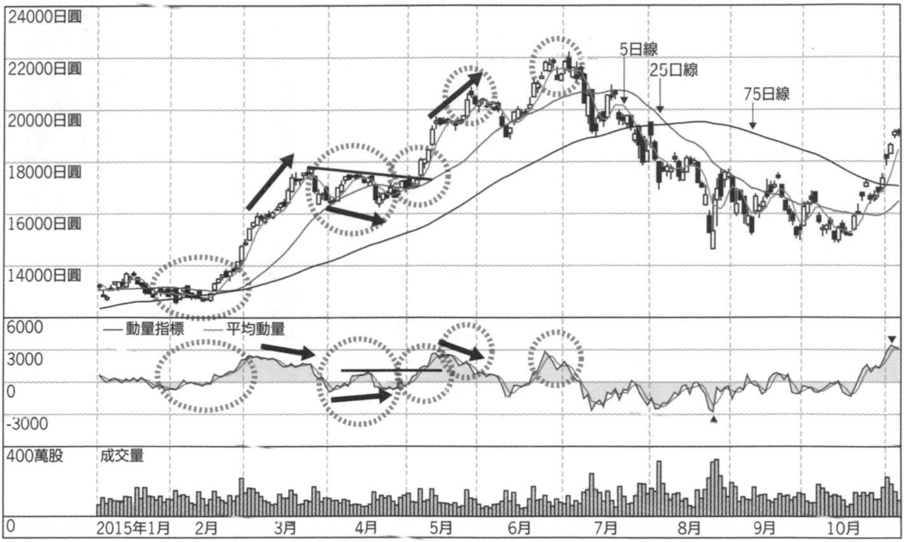

指標是否在區分上升和下跌力道的0線之上。接著回來看2月18日的動量指標，動量指標及其移動平均線都以大角度向上穿過0線，所以我們可以得知雖然25日均線緩緩下跌，但上升的力道仍逐漸變強。因此，可判斷當時的情勢已滿足進場條件。

此外，上升趨勢完成的前提之一，是25日均線必須向上移動，但25日均線反轉向上需要一段時間，而這段時間內究竟該不該續抱持股，便是一個重大的抉擇。下一頁將介紹遇到這種情況時，究竟該觀察哪些重點。

04

若動量指標與股價同步上升則應續抱

初學者首先應學會這套分析方法

在確認過買點、實際進場買進後，判斷該不該繼續持有這支股票的關鍵訊號，就是動量指標是否維持在0線上方，與股價保持一致的動向。

假如股價上升的時候，動量指標也同步上升的話，便可認為股價仍有足夠的力道維持上升趨勢。此外，若期間原本向下的25日均線也轉向上方，便能確定由移動平均線顯示的趨勢也正式進入上升趨勢。

因為是很簡單的組合，忙碌的投資者也能參考

只要確定各種狀態都滿足上述條件，就可以在實際買進後繼續持有，如此也能期待較大的收益。此外，如果能學會這套方法，對於白天工作忙碌，無法守在電腦螢幕前的投資者，應該會很有助益。

這套組合是非常簡易好用的組合，只要檢查幾個簡單的重點就能進行基本的判斷，包括進場時機和買進後是否應該繼續持有，是非常推薦給初學者的分析方法。

7-04 「買進」和「續抱」的條件

<買進的條件>

移動平均線
・股價站上所有移動平均線 ・向上的5日均線穿越所有移動平均線 ・25日、75日均線皆向上
動量指標
・向上跨越0線

<續抱的條件>

移動平均線
・所有移動平均線皆向上 ・股價在所有移動平均線上方推移 ・順序（由上而下）為K線、5日、25日、75日MA
動量指標
・動量指標與股價動向一致，持續向上

因此，我想請大家馬上來做一件事情。那就是利用移動平均線和動量指標的組合，檢查自己手上的持股及過去買賣過的股票。如果目前有持股的話，它們的移動平均線是否符合上表的順序呢？此外，動量指標是否保持在0線上方，持續上升呢？藉由這些分析應該就能做出更好的判斷，究竟應該續抱或是賣出。

假使自己的股票沒有滿足上面這些條件，就得檢討當初是否買錯了時機，或是買進後情勢發生改變。

檢討的方法是回頭檢視當初買進時的趨勢，以及動量指標的狀態，看看當時的股價是否滿足本章介紹的所有買進條件。如果發現自己是在條件未齊全的狀況下買進，就要重新反省正確的買進時機。此外，反省後重新模擬或藉實戰嘗試練習，也是重要的一環。

05

判斷賣點①不要想著「賣在最高點」

在上升力道衰退後尋找賣點

接下來讓我們來看持有股票後應在何時賣出。

股票買賣最困難的一點就是賣出時機。因為要是弄錯了賣出時機，就有可能錯過賣點而被套牢，或是太早賣出而損失收益。

初學者應小心「錯過賣點」

不過光是這樣說明，一般人可能會誤以為股票一定要賣在高點，結果在發生虧損時不肯承認失敗，堅持要抱到股價回升，因被完美主義的想法約束而無法理性地判斷買賣。

會陷入這種泥沼的，大多是已稍微習慣股票投資的人。

無法理性判斷買賣的眾多案例中，以我的經驗，初學者最需要小心的就是所謂的「錯過賣點」。

一旦「錯過賣點」，不僅無法確保獲利，甚至還有損失擴大之虞，是投資時「絕對要避免」的情況。

7-05 村田製作所（6981）的股價日線圖

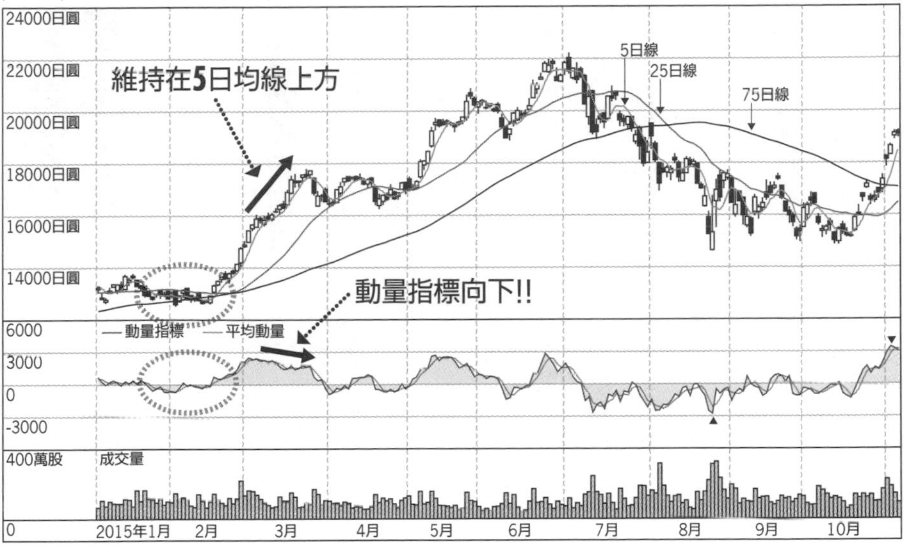

嚴守以下原則
「一旦收盤價跌破移動平均線就賣出」

所以，投資人必須要放下賣在最高點的想法，調整成「當上升趨勢消失，就差不多該尋找退場時機」的心態。用這種心態去使用技術指標，才能順利發揮指標的機能。

那麼再回頭來看村田製作所的股價圖。進入上升趨勢後，股價便一直維持在5日均線上方，不過看看動量指標，隨著股價上升，數值卻反而下降。

這就是我們在介紹動量指標時解說過的發散背離現象。考慮到發散現象發生時股價可能有轉跌的危險，因此一定要嚴守收盤價跌破5日均線就馬上賣出的原則。

06 判斷賣點②
看出上升趨勢是否會持續

錯過賣點時的對策

請看237頁的圖表。左側有兩處用圓圈圈起來，股價呈現整理型態的地方。遇到這種情況時，我們該如何判斷呢？

根據本書的理論，一如234頁所解說的內容，在這種情況下務須遵守當股價動向與動量指標出現背離時，就該開始尋找賣點，並在股價跌破5日均線時賣出的原則。而根據該原則，實際遇到圓圈中的股價型態時就應該立即賣出。

不過，假如很可惜地錯過了時機，就得開始思考未來的股價變化。錯過賣出點後如果放著不管，除了會失去利益，還可能使損失擴大，所以絕對不能這麼做。此外，對於接下來才要進場的投資者而言，也同樣得進行買賣判斷，所以必須預先想好發生這種情況時的對策。

轉入下跌趨勢的可能性升高

那麼，現在的問題是什麼呢？遇到這種情況，已進場或未進場的投資者都必須面對的問題是：此前的上升趨勢是會持續下去，抑或就此終結。假如趨勢繼續上升，那麼就應該續抱持股；相反

7-06 村田製作所（6981）的股價日線圖

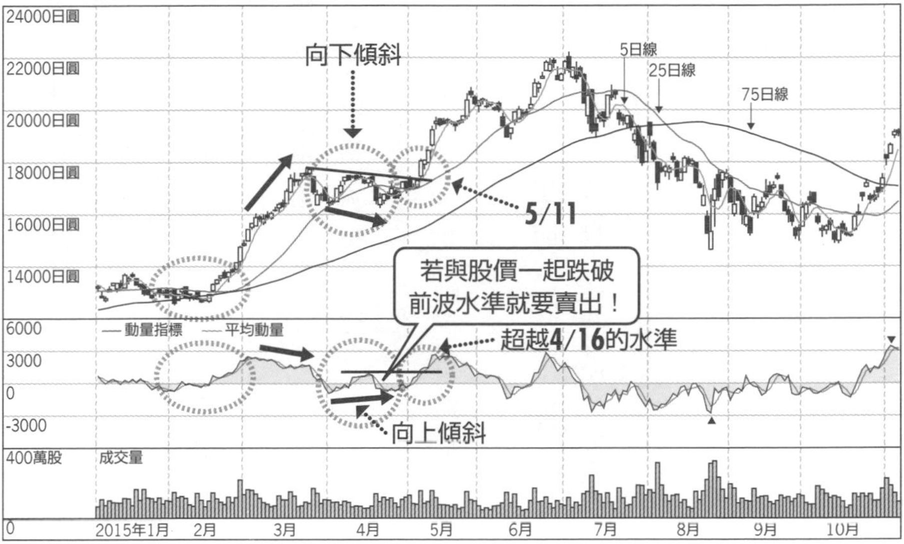

地，若趨勢改變、轉為下跌的話，如果不暫時退場確保獲利，便會有賠光光的風險。

因此就跟前面幾個例子一樣，首先要利用移動平均線來判斷趨勢。觀察圖中移動平均線的方向，可知股價在3月24日到達高點後開始下跌，同時5日均線也轉為向下。之後，股價在和緩上升的25日均線上止跌反彈，但一如趨勢線所示，回升的力道貧弱，趨勢線也微微向下。接著股價在4月17日跌破25日均線，儘管收盤價維持住，但最低價卻一度跌破4月1日的低點，由此可判斷轉入下跌趨勢的可能性極高。

若動量指標的跌幅不大代表下跌的力道也有限

這種模式的股價變化，想必大家幾乎都曾遇過，局勢不易預測，常常賣出之後股價反而上揚，或是選擇續抱後卻開始下跌。當遇到這種情況，不知如何是好時，就是動量指標上場的時候。從這份圖表的動量指標可知，當股價跌破25

日均線時，動量指標反而向上切入，顯示下跌的力道有限。

這樣看來，雖然收盤價跌破重要的價位或水準，股價也跌破移動平均線，但因為動量指標的跌幅有限，故下跌的力道也有限，可得知還有反彈回升的可能，錯過賣出時機的投資者便能考慮賭上一把，繼續觀望下去。此外，經驗較豐富的投資人或許已經發現了，比起上述的方法，在陷入這種格局前先行賣出才是最好的選擇，請絕對不要忘記。

有時必須乖乖認賠殺出

關於前述錯過賣點時的對策，最重要的一點是不能單憑移動平均線來判斷，不論移動平均線向上或向下，都要考慮其走勢究竟有無力道，然後才進行最後的決策。只要記住這一點，不僅最後判斷時會更加容易，也能自動按照規則找出合適的賣出時機和該不該續抱持股，建議初學者要確實學會。

另一方面，在本節的例子中，由於下跌力道有限，因此股價雖然跌破25日均線，但不久就又漲回來。然而，若是動量指標向下切，跌破前一波水準的話，就表示下跌力道開始增強，必須做好虧損的覺悟賣掉股票。否則不僅賺不到錢，還可能賠得更多，請務必注意。

07 判斷賣點③注意整理型態的抵抗線是否上揚

並非所有突破高點的情況都代表進入上升趨勢

接下來我想討論一下，當5月11日股價向上突破整理區的抵抗線時，為什麼要選擇賣出。請大家參照237頁的圖表。想必一定有人覺得很奇怪，為什麼要在這時候賣出。股價明明突破了3月24日的高點，為何還要賣出呢？之前也已經解說過很多次了，股價突破高點的事實，雖然也是邁入上升趨勢的訊號之一，但唯有在上升趨勢的訊號出現後，確定股價將繼續上升，我們才能判斷是否要買進或續抱股票。因此，並非所有的高點更新都代表股價進入上升趨勢。

會買在高點是因為沒有進行動量分析？

本書先前說過，股價突破高點是上升趨勢開始的訊號之一，但應該有不少經驗豐富的投資者都曾在股價突破高點時買進，結果發現自己買到高點而造成虧損。那恐怕是因為沒有進行足夠的動量分析，在本來股價上漲後應該賣出的地方，被眼前的漲勢吸引而出手買進，結果當時的價格卻是股價的高點，不得不停損脫手。

所以我們必須改變「因為股價上漲而持有」的思考方式，切換成「股價正在上漲，持有真的沒問題嗎？」的思維，認真思考賣出的時機。

那麼回到實際的圖表。5月11日時，不僅股價突破高點，動量指標也越過4月16日以來的水位不斷上升，可以看出上揚的力道強勁。股價突破高點，加上動量指標也超過前波水位，從上述兩種技術指標同時出現強烈的訊號來判斷，可以得出應該續抱或買進的結論。

從整理期進入上升趨勢的訊號

各位覺得如何呢？如同上述，只要使用移動平均線加上動量指標，就能判斷上升趨勢是否會持續，以及趨勢的強度，在實戰中得以更有效地進行判斷。

這裡我們再詳細整理一遍。在經歷一段整理期（或者拉鋸期）後，股價進入上升趨勢、呈現繼續上揚的型態，幾乎大多數的情況股價都會漲破前波高點。此外，當股價在整理期間下跌，趨勢卻沒有崩潰的情況，動量指標通常會在跌破前一波低點前反彈，出現收斂背離的現象。

另一方面，還有一種不得不賣出的型態。有確實讀過本書的人應該都知道，就是234頁「判斷賣點①」解說過的發散背離出現的型態。請各位小心不要看漏了。

08

判斷賣點④一度回檔的型態

找出觸頂轉跌的位置

接下來我們要談談在234頁「判斷賣點①」中提到過的，股價在上升趨勢中到達高點，觸頂轉跌的型態。本節將解說唯有在上升趨勢中才能看出的重點。

那麼請各位看看242頁的圖表。這裡要請大家留意5月28日和7月2日到達高點後的股價動向。首先觀察移動平均線，股價位在5日均線的上方，可以確定仍處在上升趨勢中。另一方面，關於賣點的部分，短期來看，如果在股價跌破5日均線時賣出，理論上應可賣在高價區的位置，但實際上如果在股價跌破5日均線後才行動，因為股價早已開始下跌，恐怕很難賣在高價區。

此時，我們再看看股價到達高點時動量指標的動向。早在股價到達高點前，動量指標就已經觸頂轉跌，形成發散背離的型態。

應在何時考慮賣出?

當看到動量指標如上述般在股價觸頂、跌落移動平均線前便提早下跌時，投資人腦中就該想到差不多是賣出的時候，可以開始準備脫手。

7-07 村田製作所（6981）的股價日線圖

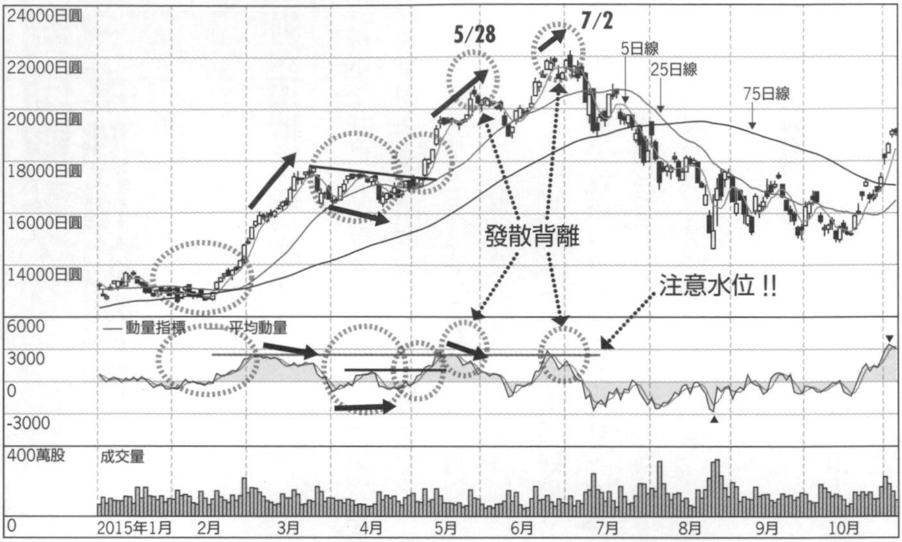

這種現象不僅出現在5月28日和7月2日，在234頁「判斷賣點①」的圖表中，3月25日的位置也有同樣的現象。

留意動量指標的水位

決定賣出時機

除此之外，還有一個股價到達高點時的共通現象。那就是動量指標的水位。觀察上述三天股價到達高點前動量指標觸頂時的水位，分別是2505點、2700點和2860點，由此便可預測動量指標大約會在2500～2900點之間觸頂轉跌。只要像這樣抓住觸頂時的共同特徵，就能從動量指標的水位發現股價接近頂點的事實，提早準備賣出。

09 可確認現階段趨勢是否會持續的組合（下跌趨勢的情況）

小心不要把反彈與回檔搞混

接著同樣是移動平均線和動量指標的組合，讓我們來看下跌趨勢持續時的型態。本節介紹的內容，尤其希望各位能牢牢記在心裡。這是因為很多人會把利用漲多回檔（發生在上升趨勢）的套利方式，跟下跌趨勢的跌深反彈搞混。

話說回來，明知股價處於下跌趨勢，只是因為價格便宜就下單，等於是買進一支會跌價的股票，故意減損自己的資產。而且投資者在這種時候常常會覺得股價已經跌了很多，應該不久就會漲回來，逃避赤字不斷膨脹的現實，更甚者當遇到下跌趨勢持續的時候，不僅損失不斷擴大，很多時候股價根本永遠不會回到原本的買價，各位千萬要記住。那麼為了避免這種情況，讓我們一起來看看能確認下跌趨勢是否會持續的組合。

25日均線成為抵抗線

首先從整體圖表看起。

所用的例子仍然是村田製作所的股價。這支股票的股價在2015年7月2日到達高點後，開

7-08 村田製作所（6981）的股價日線圖

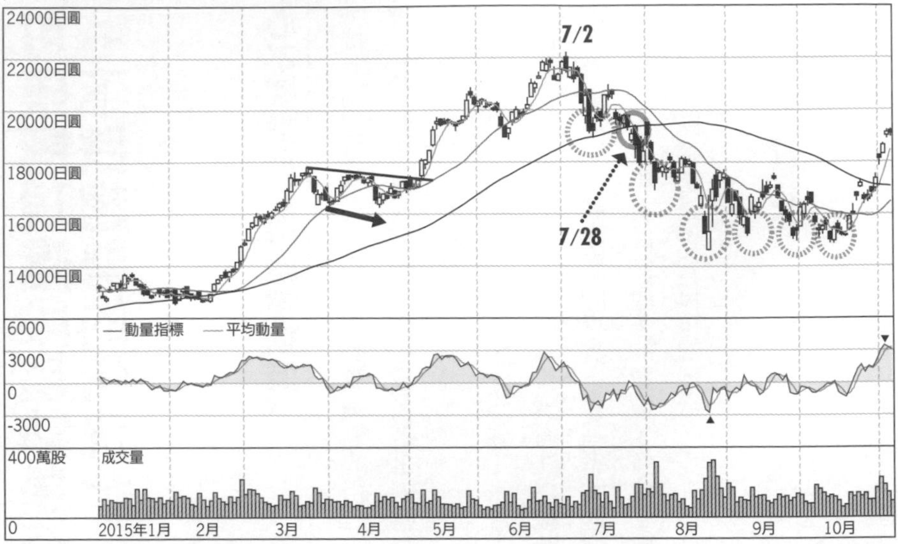

始反轉下跌，至7月28日股價跌破所有移動平均線，形成以25日均線為抵抗線的下跌趨勢。同時，作為下跌趨勢持續時的典型型態，股價反覆出現下跌後反彈，然後再下跌反彈的現象。

牢記典型的下跌型態

看到這種不斷重複的波動方式，可能會讓人覺得股價已經觸底，想要趁止跌時買進，但要記住這其實是典型的下跌型態。此外，雖然股價曾一度站上25日均線，但要注意之後還會反落。這時，就是動量指標登場的時候。

10 下跌趨勢時動量指標會維持在0線下方

記住以0線為基準的原則

我們已解說過股價與動量指標的關係，而本節要介紹的是如何不買在高點的訣竅，以及何時應立即停損。

因此我們需要用到動量指標。

舉例來說，當股價在下跌趨勢中反彈，站上25日均線的時候，動量指標的狀態就是一大重點。不過要記住的是，這時動量指標只有向上跨過0線、向下跌破0線，或是持續在0線上方移動三種狀態，如果村田製作所的股價轉變為下跌趨勢，就先檢查看看動量指標到底是以上哪一種狀態吧。

由於動量指標的上升幅度有限，因此不宜買進

從移動平均線的分析，我們可得知股價跌落所有移動平均線之下，屬於下跌趨勢，而在虛線圈起來的地方，則是股價反彈的位置。在下跌趨勢中看見這種不停上下搖擺的波動型態，經常讓人忍不住想出手買進，但在那之前，我們先回頭來看動量指標的水位。

首先從左邊開始。

7-09 村田製作所（6981）的股價日線圖

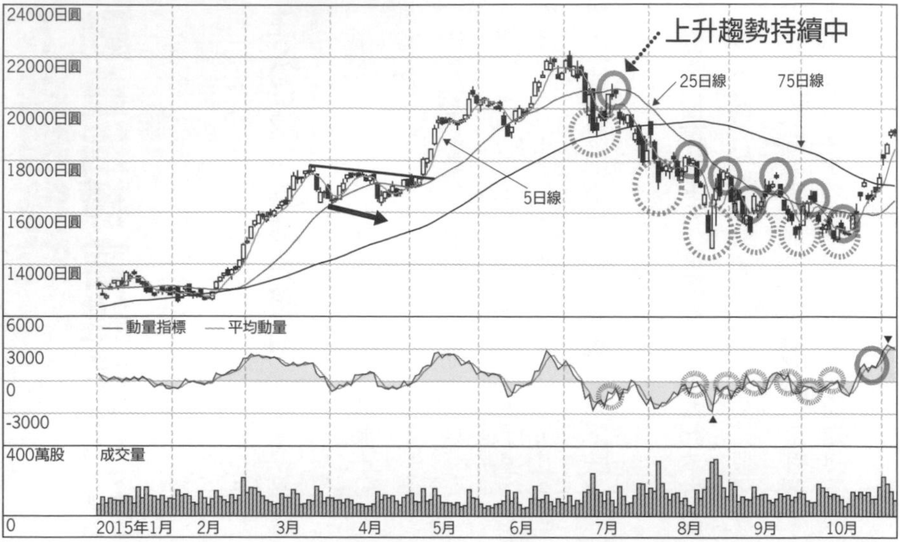

第一個實線圓圈處是K線仍在75日均線上方，讓人以為上升趨勢還沒結束，且股價又站上25日均線，很容易令人忍不住出手買進的地方。不過反觀動量指標，平均動量和動量指標都未能碰到0線，便又再次下跌。

接著第二個至第四個實線圓圈也跟第一個圓圈一樣，動量指標在0線前反轉，沒能觸及0線，屬於「絕對不能買進」的情況。此外，也是「手上有股票的話一定要賣出」的位置。

第五個和第六個圓圈也是，股價雖然站上25日均線，但動量指標的上揚幅度卻有限，屬於「不可買進」的情況。

練習問題

問題 01

下圖為本田汽車的股價圖。上半部為K線和移動平均線。下半部為RSI（14日）。股價為上升趨勢，假設我們在3700日圓時買進本田汽車的股票，請問此時應該選擇賣出，還是續抱呢？

本田汽車（7267）的股價日線圖

解答

問題 01

答案 賣出

雖然股價仍然頻破高點，但RSI已開始下滑，形成發散背離的型態。故在此時暫時賣出，觀望局勢才是正確答案。實際上，之後股價就轉為下跌，RSI也到達超賣的水準。

本田汽車（7267）的股價日線圖

練習問題

問題 02

下圖是在資訊安全領域享負盛名的FFRI（3692）的股價圖，上半部為移動平均線，下半部為RSI。請問在此格局中，你會買進這家公司的股票嗎？還是不會買進呢？

FFRI（3692）的股價日線圖

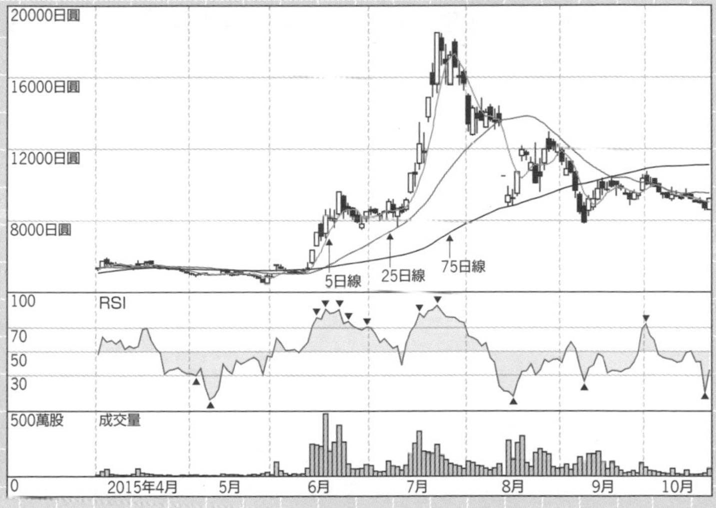

解答

問題 02

答案 不買進

儘管RSI指標位在30%以下的超賣位置，但股價卻跌落所有移動平均線之下，進入下跌趨勢。假使在下跌趨勢時進場，若之後錯過賣出時機，便會造成損失。下跌趨勢中的RSI常常會釋出錯誤訊號，必須留意。

此外，就算真的買進，當看到RSI沒能跨過50%線，以及股價連續幾天在站上25日均線前就被壓回時，便該停損撤退。

FFRI（3692）的股價日線圖

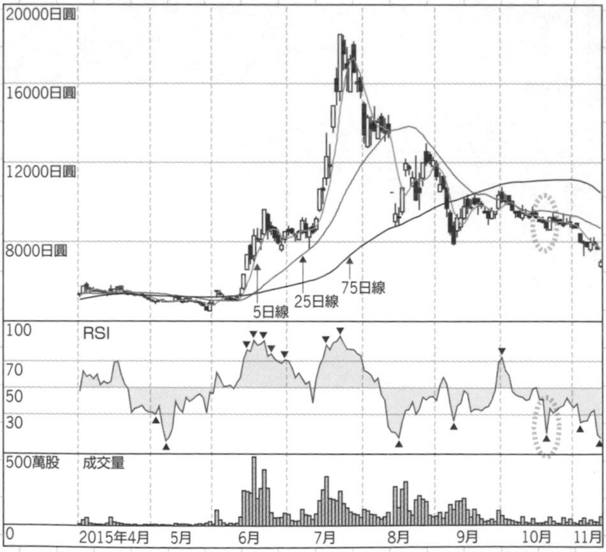

練習問題

問題 03

下圖是專門開發手機遊戲、社群遊戲和提供網路購物的公司CROOZ, Inc.（2138）的股價圖。假設你在3100點時買進了100股的股票。圖表上半部為移動平均線，下半部為MACD。
請問看到圖表右端的狀態，你會賣出持股嗎？還是會選擇續抱呢？

CROOZ, Inc.（2138）的股價日線圖

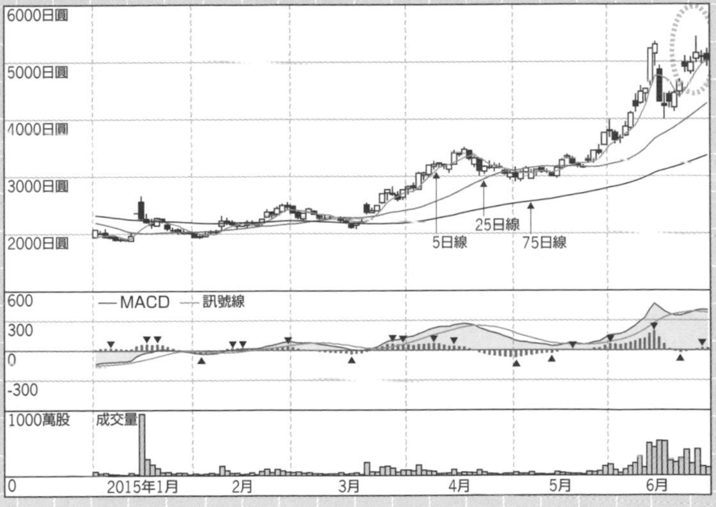

解 答

問題 03

答案 賣出

股價雖然在交易時間內一度創下新高，但反觀MACD卻往右下方移動，形成發散背離的型態。另一方面，股價下跌後雖然在25日均線的支撐下反彈，再次刷新高點，但MACD又再度形成背離，結果股價後來果然大跌，一路跌至原本的買價附近。
第一次出現背離時如果有發現的話，應該就能在第二次背離發生時抓住賣點，進行賣出。

CROOZ, Inc.（2138）的股價日線圖

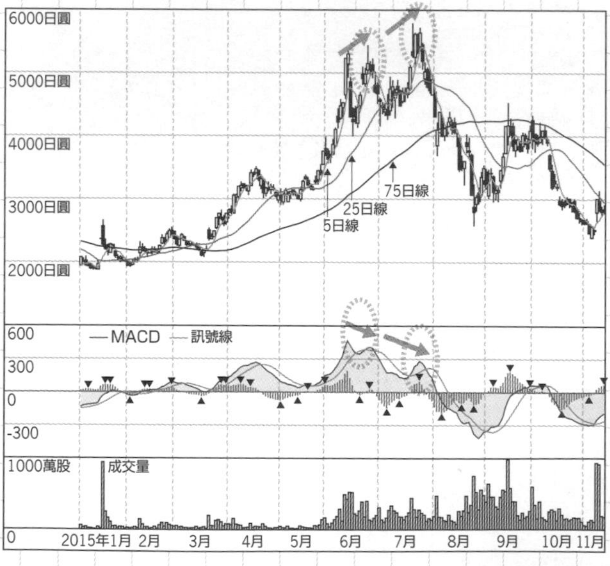

練 習 問 題

問題 04

三菱商事（8058）的股價下跌不止。下跌趨勢一直持續，幾乎看不到盡頭。就在這時，股價在9月28日觸及低點後開始回升。圖表上半部為移動平均線，下半部為MACD。請問如果是你的話，會在這個時候把握機會買進嗎？還是會繼續觀望呢？

三菱商事（8058）的股價日線圖

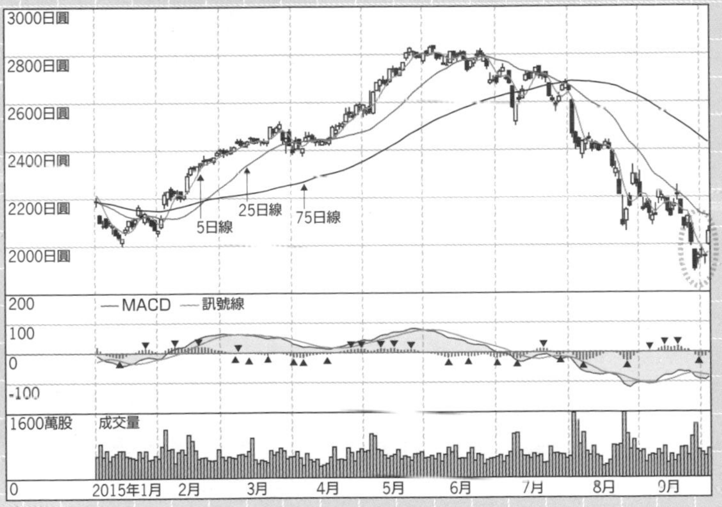

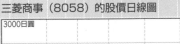

解答

問題 04

答案 買進

這張圖的重點在於，儘管股價持續下跌並跌破低點，但MACD的水位卻往上升，形成收斂背離的型態。當然下跌趨勢並未因此改變，所以若股價未能站上向下的75日均線，或是MACD未能跨越0線的話，就要以賣出為前提進行買進。

然而有一點必須注意的是，由於圖表沒有出現明顯的上升趨勢，因此只能投入最低限度的資金，在自己可以接受的範圍內選擇股數，控制風險。絕不能抱著趁機大賺一筆的想法，一口氣投入太多資金。

三菱商事（8058）的股價日線圖

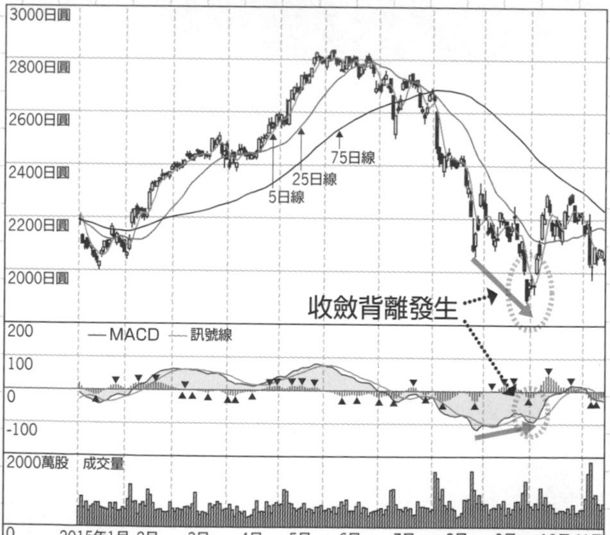

超值加贈
實戰練習題
問題篇

練習問題

問題 01

下圖為V字頂型的股價週線圖，以下是有關該圖表特徵和買賣判斷的注意點，請選出不正確的描述。

1 股價接近高點時成交量大幅增加
2 股價與移動平均線之乖離逐漸擴大
3 因為是週線圖，所以不用急著尋找買賣時機
4 股價會在形成V字時下跌，要小心不要錯過賣出時機

Futaba Industrial Co., Ltd.（7241）的股價週線圖

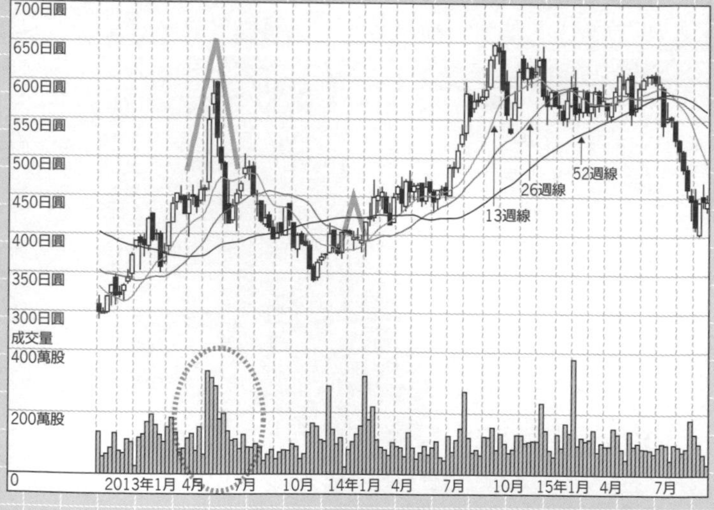

練習問題

問題 02

下圖為Canare Electric Co., Ltd.（5819）的股價圖。請問雙重頂形成時，最後的賣出點應為何處？

1 頸線上
2 跌破頸線後反彈時
3 第一個高點
4 第二個高點

Canare Electric Co., Ltd.（5819）的股價週線圖

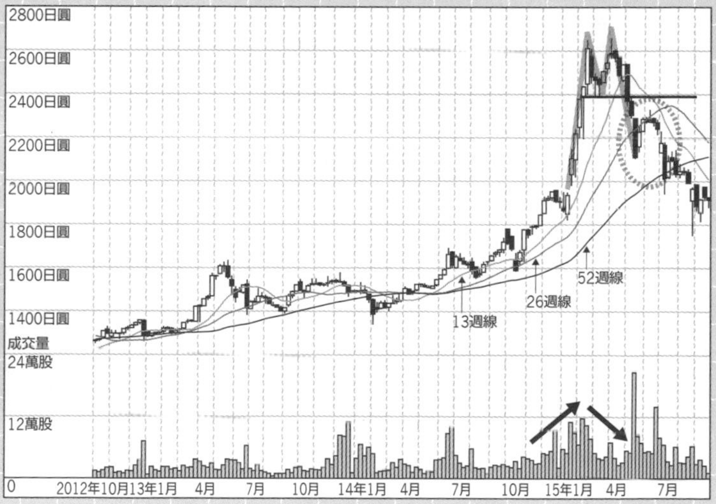

練習問題

問題 03 下圖為TOPY INDUSTRIES, LIMITED（7231）的股價週線圖，已形成三重頂的線形。請在下文（　　）內填入正確的詞彙。

當三重頂的（①）個山頂形成時，成交量通常是（②）的。而當股價來到最高點或是形成第三個山頂時，成交量則是（③）的。
此外，（①）個山頂與（④）個山頂間的波谷，和第二個山頂與（⑤）個山頂間的波谷連成的線稱為（⑥），當股價跌破這條線時，三重頂就完成了。
在TOPY INDUSTRIES, LIMITED的股價週線圖中，股價從到達第一個高點後到跌破（⑥）、完成三重頂為止，大約花了（⑦）的時間，由此可知並不適合（⑧）投資。

選項

第一、第二、第三、最多、最少、趨勢線、頸線、3個月、5個月、放置式、長期、短期

TOPY INDUSTRIES, LIMITED（7231）的股價週線圖

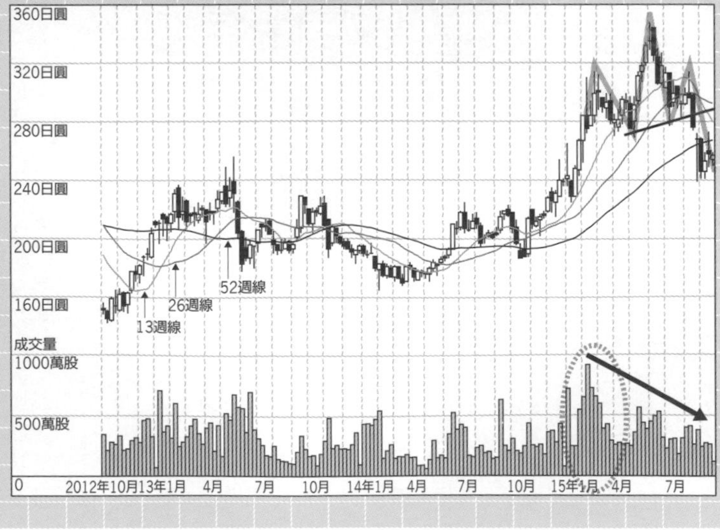

練習問題

問題 04

以下為有關平頂型股票停損點的問題。通常平頂線形大多出現在股價的高價圈，不過這支Kewpie Corporation（2809）的股票，卻在75日移動平均線向下推移時出現平頂。但由於25日均線又呈現上揚，讓人很難決定該不該停損。

請問在下圖中，應該於何時賣出最佳？

Kewpie Corporation（2809）的股價日線圖

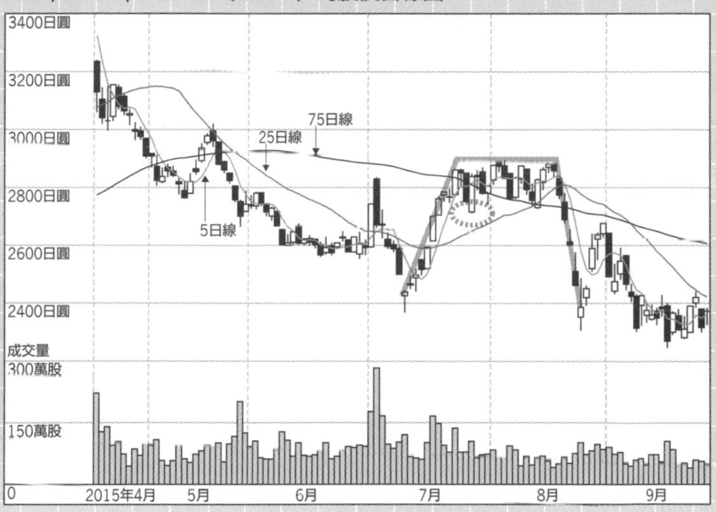

練習問題

問題 05

本題為判斷V底型真偽的問題。下圖安川電機(6506)的股價在3月中旬大幅下跌後，呈現V字形留下的長下影線後反彈。請問該以何為依據判斷本例是否為V底型態？請從以下選出正確的答案。

1 **成交量和趨勢線**
2 **趨勢線和股價的位置**
3 **成交量和股價的位置**
4 **用成交量就夠了**

安川電機（6506）的股價日線圖

練習問題

問題 06

本題為有關型態分析的問題。下圖為俗稱鑽石型的股價型態。由於K線形狀類似鑽石，故有此稱呼。以下為問題。實際上鑽石型是我們前面學過的某種型態和另一種型態連續出現所形成的。請問是哪兩種型態的組合呢？

1 **箱型和收縮型**
2 **收縮型和擴散型**
3 **擴散型和收縮型**
4 **擴散型和箱型**

三菱 UFJFG（8306）的股價日線圖

練習問題

問題
07

鑽石型乍看與另一種股價型態很相似，請問是哪一種型態？另外，從鑽石型的特徵來看，請問何時才是適合的買點？請參考下面的圖表，選出正確的組合。

相似的圖形

1 **雙重頂型**

2 **三重頂型**

3 **V頂型**

進場（買進）的時機

1 **股價跌破支撐線時**

2 **股價站上抵抗線，且成交量減少時**

3 **股價站上抵抗線，且成交量增加時**

三菱 UFJFG（8306）的股價日線圖

超值加贈
實戰練習題

解答篇

解 答

問題 01

答案 3 因為是週線圖，所以不用急著尋找買賣時機

週線也可能出現股價暴跌的情況，所以必須小心錯過賣點。

V頂大多發生在高價圈中成交量觸頂的時候。因此當成交量觸頂跌落，且股價同時下跌時，就有可能出現暴跌的情況，務必留意不要錯過賣出時機。

Futaba Industrial Co., Ltd.（7241）的股價週線圖

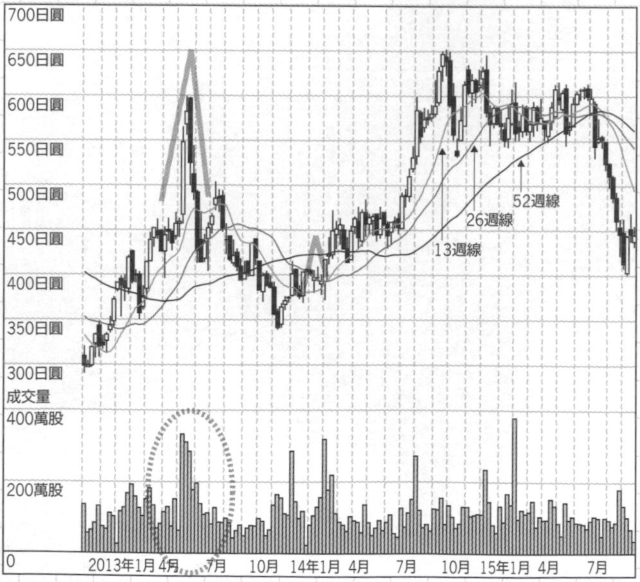

解 答

問題 02

答案 2 跌破頸線後反彈時

形成雙重頂時，成交量會在第一個山頂出現時增加，然後反落，接著形成第二個山頂。而當股價跌破第一個山頂和第二個山頂間的頸線時，雙重頂就完成了。雙重頂完成後，股價一度止跌回升的現象，就是所謂的回抽。這種反彈回抽的現象出現後如果股價繼續下跌，通常就不會再漲回來，因此也是最後的賣出點。

Canare Electric Co., Ltd.（5819）的股價週線圖

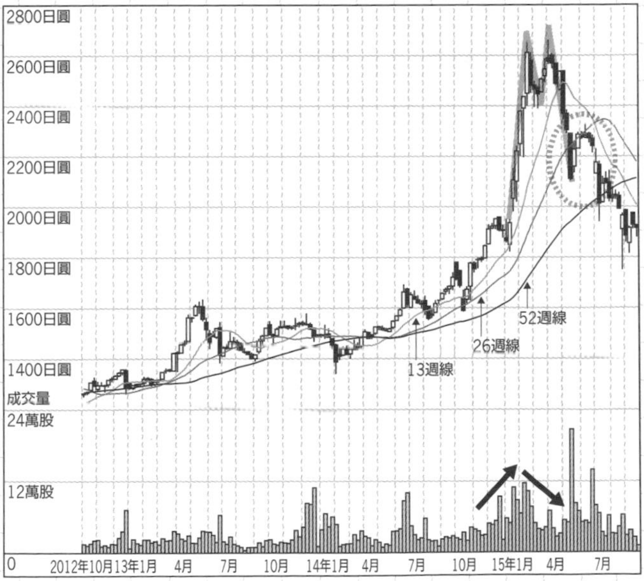

解 答

問題 03

答案 **見下文**

當三重頂的（**第一**）個山頂形成時，成交量通常是（**最多**）的。而當股價來到最高點或是形成第三個山頂時，成交量則是（**最少**）的。

此外，（**第一**）個山頂與（**第二**）個山頂間的波谷，和第二個山頂與（**第三**）個山頂間的波谷連成的線稱為（**頸線**），當股價跌破這條線時，三重頂就完成了。

在TOPY INDUSTRIES, LIMITED的股價週線圖中，股價從到達第一個高點後到跌破（**頸線**）、完成三重頂為止，大約花了（**5個月**）的時間，由此可知並不適合（**放置式**）投資。

TOPY INDUSTRIES, LIMITED（7231）的股價週線圖

解　答

問題 04

答案 **8月19日跌破25日移動平均線時，或是8月20日的時候**

8月19日跌破25日移動平均線時應為最好的時候。此外，下個交易日的20日也是不錯的時機。因為19日時，75日的長期均線呈現下跌，股價又收在25日均線下，代表支撐已經無效。
此外，股價20日開始繼續下跌，進一步跌破向下的75日均線，故可知下跌趨勢產生的可能性很高。
雖然有點事後諸葛的味道，但若錯過這兩天的賣出點，股價將一路下跌400點以上，所以一旦出現這種線形絕對不能遲疑，一定要立即殺出。

Kewpie Corporation（2809）的股價日線圖

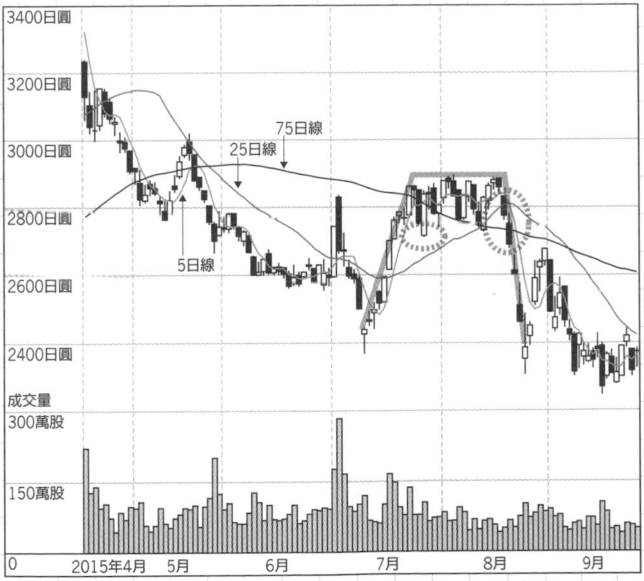

解答

問題 05

答案 3 成交量和股價的位置

除了線形之外，要確認該型態的真偽，還必須從成交量和股價的位置來判斷。以本題所舉的安川電機來說，V字形是出現在股價高點附近。同時成交量跟其他時間相比也沒有特別增加。由此來看，雖然安川電機的股價日線圖出現了V字形，卻不是代表股價觸底的V底型態。而其證據就是股價之後又跌破V字形的低點，並非大底成形的觸底形狀。

安川電機（6506）的股價日線圖

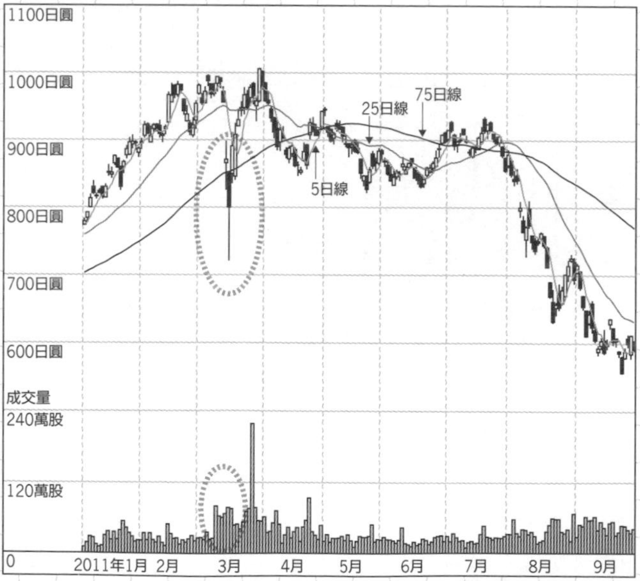

解答

問題
06

答案 3 擴散型和收縮型

是由擴散型和收縮型連續出現所形成的型態。請各位一併參考問題07的解答，可以更清楚地理解。

三菱 UFJFG（8306）的股價日線圖

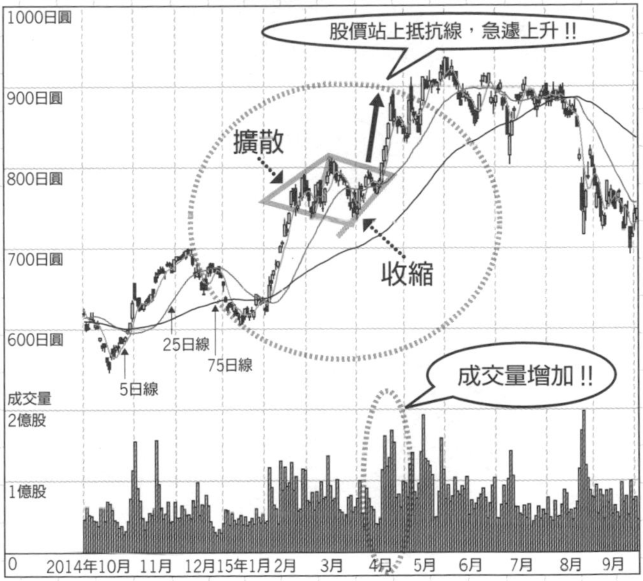

解 答

問題 07

答案 相似的圖形為2，進場的時機為3

鑽石型的形狀直到完成前，都跟三重頂型一模一樣。而其買進時機則是在股價突破收縮型的抵抗線，且成交量同步增加的時候。當股價向上突破抵抗線，三重頂的形狀被破壞、完成完整的鑽石型時，漲幅通常也會大幅增加。

三菱 UFJFG（8306）的股價日線圖

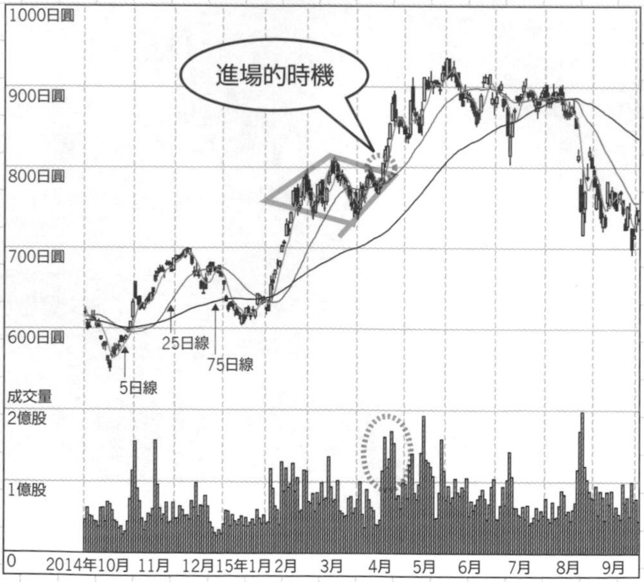

作者介紹

福永博之

Investrust株式會社首席執行長
國際技術分析師聯盟（IFTA）國際檢定技術分析師

曾任職於勸角證券（現瑞穗證券）、DLJdirectSFG證券（現樂天證券），並擔任同社經濟研究所策略長。現為投資教育網站「itrust」的總監修和研討會講師，以及大前研一之Bussiness Breakthrough大學資產形成力養成講座和早稻田大學開放式課程講師。同時已取得技術分析指標「提醒訊號」之專利為會員提供服務。著有多篇商業雜誌文章和專書。URL：http://www.itrust.co.jp

日文版工作人員

內文設計　河南祐介（株式会社 FANTAGRAPH）
內文插圖　上垣厚子
圖表製作　地主南雲設計事務所
內文排版　上田英治（株式会社アズワン）
編輯　昆清德（株式会社翔泳社）

一本讀懂股票技術分析

瞭解股價型態、掌握買賣時機、提高投資表現！

2016年 8 月 1 日初版第一刷發行
2021年 2 月 1 日初版第六刷發行

作　　者　福永博之
譯　　者　陳識中
副 主 編　陳正芳
美術編輯　黃盈捷
發 行 人　南部裕
發 行 所　台灣東販股份有限公司
<地址>台北市南京東路4段130號2F-1
<電話>(02)2577-8878
<傳真>(02)2577-8896
<網址>http://www.tohan.com.tw
郵撥帳號　1405049-4
法律顧問　蕭雄淋律師
總 經 銷　聯合發行股份有限公司
<電話>(02)2917-8022

國家圖書館出版品預行編目資料

一本讀懂股票技術分析：瞭解股價型態、掌握買賣時機、提高投資表現！／福永博之著；陳識中譯. -- 初版. -- 臺北市：臺灣東販, 2016.08
272面；14.7×21公分
ISBN 978-986-475-099-3（平裝）

1.股票投資 2.投資技術 3.投資分析

563.53　　105011291